ASSIS ! COUCHÉ ! PAS BOUGER !

ASSIS ! COUCHÉ ! PAS BOUGER !

GWEN **BAILEY**

LAROUSSE

ÉDITION ORIGINALE

A Penguin Company

How To Train a Superdog

ÉDITION FRANÇAISE

Traduction

Sabine Rolland

Réalisation de l'ouvrage

Else

Direction éditoriale

Catherine Delprat

Édition et coordination

Ariane Roland et Agnès Dumoussaud assistée
de Anne-Sophie Carpentier

Direction artistique

Emmanuel Chaspoul

Couverture

Véronique Laporte

ISBN 978-2-03-558937-9

Introduction 6

1 Le **chien** qu'il **vous faut** 10

Choisir un chien 12
Classification des races 22

2 **Tisser** des liens 48

Comprendre son langage 50
Comprendre ses besoins 72
À chaque âge ses défis 90

3 **Éduquer** et se faire **obéir** 102

Comment un chien apprend-il ? 104
Les dix exercices de base 120
Lui apprendre à s'asseoir 122
Lui apprendre à répondre au rappel 124
Lui apprendre à se coucher 126
Lui apprendre à attendre 128
Lui apprendre à se mettre debout 130
Lui apprendre à marcher au pied en laisse (1) 132
Lui apprendre à marcher au pied en laisse (2) 134
Lui apprendre à rapporter un jouet (1) 136
Lui apprendre à rapporter un jouet (2) 138
Aller plus loin dans le rapport d'objet 140

4 Parfaire **l'éducation** 142

Exercices plus difficiles 144

Obéir au rappel avec des stimuli extérieurs 146

Le garder sous contrôle 150

S'asseoir à distance 152

Le rappel en poursuite 154

Multiplier les stimuli extérieurs 156

Un chien bien élevé, bien dans sa peau 158

Le salut de la patte 160

Les tours sur place à gauche et à droite 162

Et tope là ! 164

Faire le mort 166

Franchir des obstacles 168

Prendre un message 170

La chasse au trésor 172

Participer aux tâches ménagères 174

Porter les courses 176

Apporter la laisse 178

Ranger ses jouets 180

Aller se coucher 182

Fermer la porte 184

Les bonnes manières en société 186

Ne pas sauter sur les gens 188

Ne pas voler de la nourriture 190

Rester calme 192

Ne pas passer le premier 194

Ne pas courir partout 196

Ne pas aboyer sans cesse 198

Accepter qu'on le touche 200

5 **Problèmes** et solutions 202

Comment résoudre les problèmes éducatifs 204

10 questions-réponses 222

6 **Les activités** de **plein air** 226

Sports canins et loisirs 228

Index 250

Adresses utiles 253

Remerciements 254

Crédits photos 255

Sommaire

∆ **L'éduquer dès le plus jeune âge**
Le chiot réclame beaucoup d'attention et de soins. C'est à vous de l'éduquer pour qu'il prenne très tôt de bonnes habitudes.

∇ **La relation, base de l'éducation**
Le chien est un animal social. Si vous voulez l'éduquer, développez avec lui une relation fondée sur l'amour, la confiance et le respect.

∆ **Le b.a.-ba de l'éducation**
Apprendre à son chien le rappel, l'ordre « assis ! » et la marche au pied permet d'allier plaisir et sécurité lors des promenades.

Introduction

Quel maître ne rêve pas d'avoir un chien qui respire la joie de vivre, un compagnon sociable, obéissant et bien éduqué, capable de répondre à ses attentes, et même de les devancer ?

C'est possible, je vous assure. Certes, cela ne va pas sans un minimum d'efforts et de connaissances, mais tout ce que vous devez savoir est dans ce livre. Les chiens sont des êtres vivants et pensants, suffisamment intelligents et adaptables pour désapprendre de mauvaises habitudes et connaître les bons réflexes. Vous devez simplement vous y prendre comme il faut, et vous trouverez ici toutes les informations nécessaires. Que vous possédiez déjà un chien ou envisagiez d'en prendre un, chiot ou adulte, ce livre vous aidera à développer son potentiel et à profiter au mieux de tout ce qu'il peut vous offrir. Tout comme vous possédez un manuel d'utilisation de votre voiture ou de votre lave-linge, ce guide vous explique comment fonctionne votre chien. L'éducation d'un animal est un apprentissage et tout apprentissage implique une progression – c'est pourquoi les exercices éducatifs proposés sont classés par ordre de difficulté.

Développer ses aptitudes
aut patience et méthode pour apprendre à
n chien à retrouver des clés perdues, mais
n odorat exceptionnel lui facilite la tâche !

△ **Les qualités d'un bon maître**
Il faut faire preuve à la fois d'autorité et de respect. Le respect ne s'obtient pas par l'intimidation, mais en prenant le contrôle des événements.

▽ **Le bonheur de vivre**
Un chien qui voit tous ses besoins psychologiques et physiques satisfaits sera heureux et détendu. Il aura ainsi plus de chance de vivre longtemps.

Cet ouvrage explique également comment développer avec votre chien une relation fondée sur l'amour et le respect. Mieux connaître ses besoins et ses capacités vous permettra de l'éduquer plus facilement. En effet, pour être un bon maître et un bon éducateur, il faut connaître son fonctionnement mental, ses motivations, ses centres d'intérêt, ses sources de satisfaction et de bien-être – qui évoluent avec l'âge. Si vous n'avez pas encore de chien, cet ouvrage vous aidera à en choisir un qui convient à votre mode de vie. Si vous en possédez déjà un, vous pourrez mieux comprendre ses traits de caractère, en grande partie hérités de ses ancêtres, ce qui vous permettra de lui donner une éducation adaptée à ses besoins.

Il n'y a pas encore si longtemps, l'éducation canine faisait couramment appel à des méthodes basées sur la punition – ce qui, non seulement est inacceptable pour les maîtres, désireux de traiter leur chien avec douceur et gentillesse, mais engendre une relation à sens unique et produit des animaux inquiets, anxieux, rebelles ou réfractaires. Heureusement, il existe aujourd'hui des méthodes positives, et ce sont celles que j'ai choisi de vous présenter ici. De l'éducation de base à des exercices plus complexes, nous allons partager les secrets de la réussite.

∆ **Apprendre en s'amusant**
Apprendre à son chien des tours et des exercices amusants canalise son énergie psychique et lui donne l'occasion d'épater la galerie !

∇ **S'il aime se rendre utile...**
Si vous avez un chien de travail, faites-le participer aux travaux ménagers – ranger, par exemple. Ce type de chien s'épanouit lorsqu'il peut agir et se rendre utile.

∆ **Ne pas oublier les parties de jeu**
Les chiens adorent jouer et ont besoin de se dépenser. Mettez des jouets à leur disposition et amusez-vous souvent avec eux.

Une fois que vous aurez inculqué à votre compagnon les bases de l'éducation et de la bonne conduite, vous pourrez envisager de lui faire pratiquer un sport ou une activité pour le maintenir en forme. Vous trouverez une foule d'idées et de conseils à la fin de ce livre. Enfin, sachez que si vous rencontrez des problèmes comportementaux avec votre animal, vous pouvez vous reporter au chapitre qui traite du sujet.

Les chiens n'ont pas un cerveau aussi complexe que les hommes, et leur candeur ainsi que leur incapacité à faire semblant sont touchantes. Mais c'est aussi ce qui les rend vulnérables. Ils sont totalement dépendants de nous pour satisfaire leurs besoins, car c'est nous qui contrôlons leurs ressources. La moindre des choses est donc d'essayer de les comprendre du mieux possible. Ce guide complet vous montre exactement comment votre chien se comporte, pourquoi il se comporte ainsi et la façon dont vous pouvez utiliser ce que vous savez sur lui pour lui faire faire ce que vous voulez qu'il fasse de son plein gré. Vous améliorerez énormément votre vie, et celle de votre compagnon, et si vous pratiquez tous les exercices présentés ici, vous maximiserez son potentiel pour pouvoir être fier de l'emmener partout. Grâce à ce livre, vous en ferez un chien heureux, plein d'entrain et facile à vivre – bref, un chien formidable !

∇ **La maîtrise des instincts**
Apprenez à votre chien à se maîtriser – à attendre, par exemple. Vous en ferez un animal plus agréable à vivre.

△ **Les activités sportives**
Les sports canins permettent à l'animal de développer de nouvelles aptitudes et au maître de rencontrer d'autres maîtres… et d'autres chiens !

∇ **Renforcer la complicité**
Apprendre à son chien à réagir à différents signaux renforce la complicité entre le maître et l'animal.

Comportementaliste et éducatrice de renommée internationale, **Gwen Bailey** donne des conférences dans le monde entier et a écrit de nombreux best-sellers sur le comportement canin. Membre de longue date de l'*Association of Pet Behaviour Counsellors*, elle a travaillé pendant douze ans pour l'une des plus grandes associations de protection animale du Royaume-Uni. Durant ces années, elle a rééduqué des milliers de chiens abandonnés. Désireuse de renforcer son travail de prévention, elle a créé la Puppy School, une société qui dispense avec succès des cours d'éducation positive aux chiots sur tout le territoire du Royaume-Uni. Gwen fait partie des administrateurs du *Battersea Dogs and Cats Home*, un refuge pour chiens et chats situé dans le quartier londonien de Battersea.

1

Le **chien** qu'il **vous** faut

Choisir un chien

Choisir un chien

Choisir un (nouveau) chien est un moment **excitant** et **riche** en émotions. Nous allons tous **instinctivement** vers ce qui **nous attire** au premier coup d'œil, que cela nous convienne ou non. C'est pourquoi vous aurez plus de chance de **faire le bon choix** en prenant le temps de considérer **le tempérament et les traits de caractère** de l'animal et en réfléchissant sérieusement au type de chien dont **la personnalité complétera la vôtre**. Ce chapitre, qui vous explique pourquoi **chaque race** a ses caractéristiques physiques et comportementales, vous aidera à trouver une race **adaptée à votre mode de vie** et à déterminer si c'est un chiot ou un adulte qui vous convient le mieux. Croyez-moi, vous n'allez pas tarder à **trouver le chien qu'il vous faut...** et à devenir le maître qu'il lui faut !

LES CHIENS ACTIFS
Si vous choisissez un chien actif, vous devez être vous-même dynamique. Sinon, vous ne serez jamais heureux ensemble.

Choisir un chien

Réfléchissez à vos attentes et à vos exigences avant de faire votre choix. Le caractère et le tempérament de votre chien doivent s'accorder avec votre personnalité et s'intégrer à votre mode de vie et à vos activités quotidiennes.

Quel est votre mode de vie ?

Il existe des chiens de toutes les formes et toutes les tailles, avec des personnalités différentes – et elles sont nombreuses ! Pour faciliter votre choix, réfléchissez vraiment à ce que vous attendez, vous et votre famille, de la compagnie d'un chien. Et prenez en considération les sept points suivants :

Avez-vous du temps? Soyez honnête : avez-vous suffisamment de temps pour jouer avec votre chien, le sortir, le toiletter, ainsi que pour entretenir votre maison ou votre appartement, sachant que même le plus propre des chiens fait des saletés. Bref, pouvez-vous lui consacrer assez de temps ?

Êtes-vous souvent chez vous? Si vous comptez les heures que vous passez chez vous au cours d'une semaine habituelle, vous vous rendrez vite compte que, peut-être, vous ne pouvez pas avoir un animal qui, chaque jour, a besoin de plusieurs heures de présence.

Votre budget vous le permet-il? Les grands chiens coûtent plus cher à nourrir que les petits, mais tous les chiens réclament des soins vétérinaires wet, ce qui est plus prudent, une assurance santé. Renseignez-vous sur les tarifs des compagnies d'assurance qui

△ **S'il aime se dépenser**
Un chien qui déborde d'énergie a besoin d'un maître tout aussi sportif. Il lui faut une bonne dose d'exercice au quotidien pour être heureux.

◁ **Chien heureux, famille heureuse**
Les chiens sociables et joueurs, tels les épagneuls, sont de formidables compagnons pour des enfants. Vous mettrez peut-être du temps avant de trouver un chien adapté à votre foyer, mais le bonheur est à ce prix.

prennent en charge les animaux domestiques. Enfin, certaines races nécessitent des fréquentes visites chez le toiletteur. Pouvez-vous supporter tous ces coûts ?

Êtes-vous quelqu'un d'actif ?
N'envisagez pas d'acquérir un chien actif et vigoureux si vous aimez vous prélasser tous les soirs et une grande partie du week-end devant la télé. Et sachez que tous les chiens ont besoin d'exercice au quotidien.

Quelle race ? Une fois que vous avez déterminé vos attentes et savez à quoi vous vous engagez, il vous est plus facile de savoir quel type de chien vous conviendra le mieux. Vous pouvez alors vous renseigner sur les besoins physiques et les traits de caractère des différentes races pour voir s'ils sont compatibles avec les vôtres et avec ceux de votre entourage proche. Je vous conseille de vous y prendre à l'avance et de ne pas vous précipiter.

« **Pour faciliter** votre choix, **réfléchissez** vraiment à ce que **vous attendez**, vous et votre famille, de la **compagnie d'un chien.** »

Quels sont les autres membres du foyer ? Avez-vous des enfants, un bébé, des parents âgés, d'autres animaux domestiques ? L'arrivée d'un (nouveau) chien va bouleverser les habitudes du foyer et votre animal devra s'entendre avec sa nouvelle famille, ainsi qu'avec les personnes que vous fréquentez.

Chiot ou chien adulte ? Un chiot est relativement modelable et adaptable à votre mode de vie, mais veillez à trouver un individu en bonne santé, correctement socialisé et dont les parents et les grands-parents ont bon caractère. Les chiots sont adorables, mais vous devez consacrer énormément de temps à leur éducation au cours de la première année. Un chien adulte est déjà éduqué, ce qui vous dispense des aspects les plus difficiles de l'éducation – lui apprendre à être propre et à ne pas mâchouiller tout ce qu'il trouve, par exemple. De plus, vous ne pouvez pas être trompé sur la marchandise puisque son développement est achevé et que vous le voyez tel qu'il est. Vous n'aurez qu'à parfaire son éducation et l'habituer à votre mode de vie. Néanmoins, prenez le temps de bien le connaître avant de vous décider.

Un critère : le tempérament

Trop de maîtres choisissent leur chien en feuilletant des livres sur les races canines et en jetant leur dévolu sur l'animal dont l'apparence leur plaît le plus. Ils sont séduits parce qu'il leur fait penser à un chien qu'ils ont eu et qu'ils adoraient… Ne tenir compte que du côté physique et ignorer les traits de caractère et de comportement de la race peut être une terrible erreur, le nouveau propriétaire se retrouvant avec un chien qui ne lui convient pas. Il vaut mieux choisir une race en fonction de son tempérament.

◁ **Le chiot, ce n'est pas de tout repos**
Les chiots sont mignons à croquer, mais il faut les socialiser, les éduquer et les entourer constamment. Alors n'envisagez un chiot que si vous avez le temps de vous en occuper.

Où trouver votre chien ?

Il existe différents endroits pour trouver un chiot ou un chien adulte, mais tous ne sont pas recommandables : choisissez un établissement fiable, un animal en bonne santé et dont le tempérament convient à toute la famille.

Trouver le bon chien exige une recherche minutieuse, ce qui peut prendre du temps. Vous pouvez facilement craquer pour le premier spécimen que vous voyez, mais évitez de vous précipiter – savoir que vous allez passer de nombreuses années ensemble mérite d'être patient : ne vous trompez pas.

Les chiens adultes Si vous optez pour un chien adulte, choisissez un refuge qui a bonne réputation et évalue avec soin les chiens qu'il propose à l'adoption. Il est toujours difficile d'évaluer un chien, car il n'a jamais le même comportement dans un refuge ou un chenil que dans sa famille d'adoption. C'est pourquoi certains refuges se chargent de placer temporairement leurs chiens dans des familles d'accueil qui testent le comportement des animaux en situation réelle et sont donc capables de vous donner une image assez précise de ce que vous pouvez en attendre au quotidien. Outre les refuges généralistes, il existe des refuges spécialisés dans une race. N'hésitez pas à les contacter si vous savez quelle race vous voulez.

Certains éleveurs proposent à la vente des individus adultes, mais méfiez-vous des chiens élevés dans des chenils – ils font rarement de bons animaux de compagnie. N'achetez pas un chien adulte par petites annonces car vous aurez très peu de temps pour faire connaissance avec

▽ **Faites connaissance**
Prenez le temps de faire connaissance avant de vous décider – soit vous découvrirez des aspects de sa personnalité qui ne vous conviennent pas, soit vous aurez la certitude que c'est le chien qu'il vous faut.

△ **Faites le bon choix**
Un refuge sérieux évalue les chiens avant de les proposer à l'adoption. Vous aurez donc moins de mal à choisir le bon. Ne soyez pas tenté d'acheter le premier qui vous plaît.

▷ **Êtes-vous le bon maître ?**
Préparez-vous à ce que le refuge vous interroge sur votre famille, l'endroit où vous vivez, votre travail et votre mode de vie pour savoir si vous serez un bon maître.

△ **Voir ses conditions de vie**
Demandez toujours à voir la mère pour vérifier son état et son comportement. Le chiot et sa mère doivent vivre dans des conditions de propreté et d'hygiène irréprochables.

▷ **Affinités immédiates ?**
Des chiots correctement socialisés sont curieux à l'égard des étrangers et vont naturellement vers eux. Évitez ceux qui sont nerveux, s'éloignent à votre approche ou préfèrent jouer que de vous rencontrer.

l'animal, on risque de vous pousser à prendre une décision immédiate et, surtout, on peut vous mentir sur l'histoire du chien.

Les chiots Je ne vous cache pas qu'il est difficile de trouver un éleveur dont les chiots sont en parfaite santé, correctement socialisés et d'une bonne nature. Renseignez-vous sur la réputation de l'éleveur et, si vous n'êtes pas convaincu par les individus qu'il vous montre, faites demi-tour. Vérifiez que le chiot a bien été élevé à la maison, aux côtés de l'éleveur, et n'a pas été transféré là juste pour votre visite. Méfiez-vous des grands chenils qui produisent des chiots en série sans faire l'effort de les socialiser, surtout si leur priorité est de remporter des concours. Essayez de trouver un éleveur qui vous propose un chien certifié indemne des tares de sa race, pratique un élevage familial dans des conditions optimales et socialise ses chiots comme il faut pour en faire des adultes équilibrés. Et pour faire votre choix, repérez ceux qui viennent naturellement vers vous.

« Ne vous **engagez pas à la légère** – attendez **le temps qu'il faut** pour trouver **exactement** ce que vous cherchez. »

Les lieux à fuir !

N'achetez jamais un chiot si vous ignorez les conditions dans lesquelles il a été élevé et ne pouvez pas rencontrer sa mère, ou s'il a été élevé dans un chenil, une dépendance, une étable ou une écurie. Fuyez les éleveurs qui vendent leurs chiens à la sauvette en exigeant un paiement en espèces immédiat. Évitez les magasins qui proposent de nombreuses races différentes à l'origine douteuse. Ces chiots ont souvent des problèmes de santé.

Un ancêtre : le loup

Les chiens domestiques descendent du loup gris *(Canis lupus)*. Même s'ils sont très différents de leurs ancêtres, ils en ont gardé des caractéristiques et l'élevage sélectif a accentué celles que l'homme juge les plus utiles.

Un travail d'équipe Les loups gris, ancêtres de tous les chiens de compagnie et de travail, ont évolué pour capturer de grosses proies à plusieurs. Bien qu'ils capturent de petits animaux, ils sont capables de chasser en meute des proies imposantes tels les cerfs, les élans et les caribous.

Pour chasser en meute, les loups doivent vivre ensemble, développer et maintenir des liens entre eux. La vie sociale et la coopération jouent donc un rôle primordial. Ces traits comportementaux ont permis au chien domestique d'être à la fois un animal de travail et de compagnie.

Du loup au chien Selon la théorie la plus probable, le chien domestique descend de loups qui vivaient à proximité de colonies humaines et se nourrissaient des restes alimentaires laissés par les hommes. Au fil du temps, les individus les moins peureux se sont rapprochés de

▷ **L'ancêtre du chien**
Intelligent et ingénieux, le loup gris est très différent du chien domestique, mais a transmis de nombreux traits de caractère à nos compagnons actuels.

Pistage

Arrêt

Poursuite

« Le chien **domestique** descend de **loups** qui vivaient à proximité de **colonies humaines** qui les nourrissaient. »

l'homme et ont fini par constituer une race distincte. Les premiers chiens domestiques ressemblaient certainement beaucoup aux chiens errants actuels.

L'élevage sélectif À partir de ces premiers chiens, l'homme a développé l'ensemble des races canines qui existent aujourd'hui à l'aide d'une technique appelée élevage sélectif. Il s'agit de faire reproduire uniquement les individus qui possèdent les traits de caractère ou de comportement souhaités. Pour les assister dans leurs différentes tâches, les éleveurs ont sélectionné tel ou tel comportement inné particulièrement accentué chez tel ou tel chien. Par exemple, pour produire les meilleurs chasseurs de nuisibles, ils ont sélectionné les chiens les plus doués pour l'aspect « capture et mise à mort » de la proie. Pour produire de bons chiens de troupeaux, ils ont destiné à la reproduction des chiens qui excellaient dans la poursuite de la proie. Ils ont obtenu des individus qui adoraient pourchasser mais n'allaient pas jusqu'à capturer et tuer comme le faisaient les Terriers. La sélection ne portait pas seulement sur les traits comportementaux, mais aussi sur la morphologie des individus. Les chiens puissants et de grande taille ont été sélectionnés pour garder le bétail et la maison, tandis que les petits spécimens, vifs, joueurs et espiègles ont été choisis pour tenir compagnie à l'homme.

Les expositions canines et l'augmentation du nombre de chiens de compagnie ont favorisé une sélection fondée sur des critères esthétiques. La plupart des éleveurs actuels produisent des « bêtes de concours » où les gagnants sont les chiens les plus proches du standard de leur race – une liste arbitraire de caractéristiques choisies par un comité d'éleveurs.

▷ ▽ Des morphologies variées
Les chiens domestiques ont une apparence physique et un comportement très différents de ceux de leurs ancêtres. Leur corps a été transformé pour répondre à la fonction pour laquelle les éleveurs les destinaient, d'où l'incroyable diversité des formes, des tailles, des couleurs et des types de poil actuels. Sans parler des personnalités, qui sont incroyablement variées.

◁ Séquence de prédation
La séquence comportementale d'un loup qui chasse lui permet de saisir et de tuer sa proie pour survivre. Les éleveurs ont accentué tel ou tel comportement inné chez tel ou tel chien pour produire des races de travail adaptées à une fonction donnée.

Capture — **Mise à mort** — **Consommation**

Classification des races

Si l'on remonte à l'origine des races canines, on découvre les différentes tâches auxquelles elles étaient destinées. On obtient alors une classification des races selon leur fonction.

Les chiens qui appartiennent à chacune des six catégories suivantes ont en commun des traits comportementaux.
Les chiens de compagnie, par exemple, offrent tous des similitudes dans leur façon de s'adapter à la vie domestique et sont tous sujets à des problèmes similaires. Cette classification vous aidera à choisir plus facilement le chien le mieux adapté à votre mode de vie.
Un élevage de plus en plus sélectif réduit la diversité génétique, ce qui prédispose chaque race canine à des problèmes de santé spécifiques. Lorsque vous achetez un chiot, vérifiez donc minutieusement ses certificats de santé et sa lignée pour éviter de vous retrouver plus tard avec un chien malade ou handicapé.

Ceux qui assistent les chasseurs

À l'origine, ces chiens sont faits pour aider l'homme à chasser en localisant, en levant ou en rapportant le gibier. Les retrievers, par exemple, adorent rapporter le gibier. Ils font de très bons chiens de compagnie, mais il leur faut des propriétaires actifs en raison de leur grande taille et de leur besoin de se dépenser.

Golden Retriever

Ceux qui aident les bergers

En réalité, les chiens de berger se divisent en deux groupes : les gardiens de troupeaux de moutons et les gardiens de troupeaux de bovins. Les deux groupes sont très attachés à leur maître, même si le premier a généralement plus de volonté.

Border Collie

Ceux qui chassent

Parmi les chiens de chasse, on distingue les chasseurs à vue, très rapides, et les chasseurs au nez, fins limiers. Bien qu'ils aient bon caractère et soient faciles à vivre, ils restent indépendants et moins désireux de plaire que d'autres chiens. Ils peuvent poser problème en promenade, car ils ont gardé un instinct de chasseur très développé.

Beagle

Ceux qui tuent les nuisibles

Sélectionnés pour capturer et tuer, ces chiens tenaces et fougueux sont des animaux de compagnie populaires en raison de leur petite taille, mais il ne faut pas oublier qu'ils ont gardé un comportement prédateur vis-à-vis des animaux plus petits qu'eux. Ils peuvent se montrer agressifs, d'où la nécessité de les socialiser et de les éduquer très tôt. Ces chiens ont beaucoup de caractère.

Jack Russell Terrier

Ceux qui tiennent compagnie à l'homme

Les chiens de compagnie sont doux, gentils. Leur petite taille permet de s'en occuper facilement. Dans cette catégorie, seules quelques races ont été sélectionnées pour tenir compagnie à l'homme ; la plupart étaient à l'origine des chiens de travail, notamment des chiens de garde.

Chihuahua

Les autres chiens de travail

De nombreux chiens ont été sélectionnés pour d'autres fonctions, dont la garde, le combat ou le trait. Chaque race possède un tempérament adapté à sa mission initiale. N'oubliez jamais d'étudier les origines de l'animal.

Saint-Bernard

Les chiens d'équipage
Au temps des diligences, les Dalmatiens étaient les accompagnateurs attitrés des voitures à chevaux et constituaient un symbole de prestige social. Il est facile, de nos jours, de leur apprendre à jouer ce rôle lors d'événements festifs.

Les petits chiens

La plupart des petits chiens sont plus faciles à soigner et à entretenir, moins chers à nourrir et ont généralement moins besoin d'exercice que les grands. Et leur petite taille ne les empêche pas d'avoir souvent de fortes personnalités.

Les petits chiens sont le choix idéal si vous vivez en ville ou dans un petit appartement ou si vous n'avez pas le temps de sortir votre compagnon plusieurs heures par jour. Certes, ils ont besoin de faire de l'exercice et d'être stimulés, mais moins que leurs congénères de grande taille. Ils ne se considèrent pas comme petits, ce qui peut les amener à rencontrer des problèmes avec les grands chiens. Leurs maîtres sont tentés de les protéger en les tenant à l'écart des gros chiens, mais s'ils sont correctement socialisés, les petits chiens savent très bien se débrouiller et développer des stratégies efficaces. Les propriétaires sont aussi tentés de les traiter comme des jouets, alors qu'ils restent avant tout des chiens, avec des besoins et des instincts de chiens.

◁ **Un Teckel en position de soumission**
La soumission est une stratégie utilisée efficacement par les petits chiens face aux plus gros et aux plus forts tant qu'ils ne sont pas réellement menacés.

◁ **Doux mais fougueux**
Un grand chien dans un petit corps – sous ses airs doux, le West Highland White Terrier cache un fort caractère.

Chihuahua

Poids : *0,5-3 kg* Taille : *16-20 cm*
Caractère : *vif, enjoué, dévoué à son maître*
Exercice : *minimal*
Entretien : *minimal*

Ce petit chien actif est né au Mexique il y a douze siècles. Il descend certainement du Techichi, un chien précolombien domestiqué par les Toltèques. L'introduction de gènes de chiens orientaux « sans poil » a réduit la taille du Chihuahua pour en faire le chien le plus petit du monde. Il en existe deux variétés : à poil court et à poil long. En raison de leur taille minuscule, il est facile de les bousculer et de leur faire mal sans le vouloir ; ils ne conviennent donc pas aux adultes maladroits et aux familles avec de jeunes enfants. Ils ont besoin d'être socialisés dès leur plus jeune âge pour vivre sans crainte dans un monde de géants.

Chihuahua à poil court

Chihuahua à poil long

Bichon maltais

Poids : *3-4 kg* Taille : *20-25 cm*
Caractère : *vif, joueur, affectueux*
Exercice : *minimal*
Entretien : *toilettage quotidien + tonte régulière*

Race antique originaire de l'île de Malte, le Bichon maltais semble avoir toujours été destiné à tenir compagnie à l'homme. Ce petit chien enjoué fait le bonheur des maîtres qui aiment passer du temps à le « bichonner » ! Ses poils au-dessus des yeux doivent être retenus sur le front ou coupés pour ne pas lui boucher la vue ; il faut aussi l'emmener régulièrement chez le toiletteur.

Yorkshire

Poids : *1-3 kg* Taille : *15-25 cm*
Caractère : *vif, fougueux, courageux*
Exercice : *minimal à modéré*
Entretien : *toilettage quotidien + tonte régulière*

Né au XIXe siècle dans le Yorkshire, ce petit chien a été utilisé par les mineurs et les ouvriers de l'industrie lainière pour tuer les rats. C'est un vrai Terrier qui, s'il se sent menacé, n'hésite pas à montrer sa fougue et son courage, à la plus grande surprise de ses maîtres. Il doit être socialisé de bonne heure pour vivre en paix avec le monde qui l'entoure et éviter de devenir trop protecteur vis-à-vis de son maître. Actif, intelligent et joueur, il adore apprendre de nouveaux exercices. Il ne perd pas ses poils, mais il lui faudra un brossage quotidien. Les poils au-dessus des yeux doivent être coupés ou attachés pour éviter de lui boucher la vue.

△ **Une petite boule d'énergie**
Malgré sa petite taille, le Yorkshire est très actif. Il a besoin d'espace pour courir et jouer, surtout quand il est jeune.

Caniche miniature (ou Toy)

Poids : *environ 2,5 kg* Taille : *moins de 28 cm*
Caractère : *intelligent, vif, facile à vivre*
Exercice : *modéré*
Entretien : *toilettage quotidien + tonte régulière*

Le plus petit des Caniches est issu du grand Caniche, sélectionné à l'origine pour chasser le canard. Gracieux, agile et sportif, le Caniche miniature est aussi intelligent et facile à éduquer. Il lui faut un foyer d'accueil vivant et stimulant.

Spitz nain

Poids : *moins de 3,5 kg* Taille : *18-22 cm*
Caractère : *actif, intelligent, gardien efficace*
Exercice : *minimal à modéré*
Entretien : *toilettage quotidien minutieux*

Originaire de Pologne et d'Allemagne, le Spitz nain descend des chiens de traîneau nordiques. Malgré sa petite taille issue d'un élevage sélectif, il conserve le caractère extraverti de ses ancêtres et ses aboiements intempestifs peuvent poser problème. Sa fourrure épaisse est inadaptée aux climats chauds.

Pinscher nain

Poids : *4-6 kg* Taille : *25-30 cm*
Caractère : *actif, intelligent, protecteur*
Exercice : *modéré*
Entretien : *minimal*

Le Pinscher nain a été créé au XIXe siècle pour chasser les rats dans les fermes allemandes. Petit mais très fougueux, il a l'instinct de chasseur des Terriers. Il doit être correctement socialisé dès son jeune âge. Il réclame beaucoup d'attention et un foyer stimulant.

Bichon frisé

Poids : *3-6 kg* Taille : *moins de 30 cm*
Caractère : *sociable, enjoué, joueur*
Exercice : *minimal à modéré*
Entretien : *toilettage quotidien + tonte régulière*

Les origines exactes du Bichon frisé sont mal connues, mais les premiers Bichons remontent à des milliers d'années. Populaire pendant des siècles en France et en Espagne, la race s'est développée sur l'île de Tenerife, aux Canaries. Doux, charmant et débordant de joie de vivre, le Bichon frisé a toujours été un chien de compagnie très apprécié.

Bichon havanais

Poids : *moins de 6 kg* Taille : *23-27 cm*
Caractère : *sociable, joueur, facile à vivre*
Exercice : *minimal à modéré*
Entretien : *toilettage quotidien*

Au XVIe siècle, le Bichon havanais a été introduit à Cuba par des marins espagnols. La race y a fait souche pour devenir le chien national cubain. Plus léger et d'un poil plus doux que le Bichon frisé, le Bichon havanais est plus adapté aux climats chauds et a été sélectionné depuis toujours pour tenir compagnie à l'homme. Il possède donc un tempérament très gai et très sociable, bref le compagnon idéal. Ses poils au-dessus des yeux doivent être coupés ou attachés pour éviter de lui boucher la vue.

Caniche nain

Poids : *6-7 kg* Taille : *28-35 cm*
Caractère : *vif, intelligent, facile à vivre*
Exercice : *modéré*
Entretien : *toilettage quotidien + tonte régulière*

Son nom dérive probablement de « canichon » qui désignait jadis à la fois un petit canard et le chien qui le chassait. Les ancêtres du Caniche actuel ont été sélectionnés au XVe siècle pour chasser le gibier d'eau. Les Français ont ensuite miniaturisé le grand Caniche pour créer le Caniche nain et, variété encore plus petite, le Caniche miniature. Intelligent, agile, sportif et facile à dresser, il évoluait souvent sur les pistes de cirque. Aujourd'hui, on le voit dans les concours d'*agility* et d'obéissance. La toilette du lion était autrefois jugée nécessaire pour protéger ses articulations de l'eau froide, mais la plupart des Caniches de compagnie actuels ont une coupe courte et uniforme.

Boston Terrier

Poids *(3 catégories)* : *6, 8-11, 35 kg* Taille : *25-40 cm*
Caractère : *doux, gentil, enthousiaste*
Exercice : *minimal à modéré*
Entretien : *minimal*

Né à Boston au milieu du XIXe siècle du croisement entre un Bulldog et un Bull-Terrier, le Boston Terrier n'a quasiment rien gardé du caractère des Terriers. Il est sociable, doux et très gentil. Sa face aplatie le prédispose malheureusement aux ronflements et aux problèmes respiratoires lorsqu'il fait de l'exercice.

Épagneul nain continental

Poids : *1,5-5 kg* **Taille :** *jusqu'à 28 cm*
Caractère : *vif, intelligent, sensible*
Exercice : *modéré*
Entretien : *toilettage quotidien*

Les ancêtres de l'Épagneul nain continental ont figuré couramment dans les œuvres des grands peintres du XVIe siècle. La variété Papillon doit son nom à ses grandes oreilles dressées, à poil long, frémissantes comme des ailes de papillon. Sous ses airs délicats, ce petit chien est énergique et de santé robuste. Il est intelligent et facile à éduquer.

Shih Tzu

Poids : *4-8 kg* **Taille :** *20-26,5 cm*
Caractère : *vif, intelligent, indépendant*
Exercice : *modéré*
Entretien : *toilettage quotidien + tonte occasionnelle*

Créé par des moines tibétains et des empereurs chinois, le Shi-Tzu doit son nom au lion auquel il était jugé ressembler. S'il n'a pas été correctement socialisé, ce petit chien vif et intelligent peut avoir mauvais caractère. Ses poils au-dessus des yeux doivent être coupés ou relevés sur le front. Sa face aplatie le prédispose aux problèmes respiratoires.

Parson Russell Terrier

Poids : *5-7 kg* **Taille :** *31-38 cm*
Caractère : *actif, fougueux, obstiné*
Exercice : *soutenu*
Entretien : *minimal*

Le Parson Russel Terrier a été créé au XIXe siècle pour chasser avec les chiens courants et déterrer les renards. Plus grand et plus carré que le Jack Russell, il est aussi moins répandu. Comme les Terriers, il possède un fort atavisme de chasseur et doit être habitué aux chats dès son plus jeune âge. Malgré tout, la plupart ne doivent pas être laissés en présence de petits animaux. Ils sont gentils et sociables s'ils ont été correctement socialisés avec les humains et leurs congénères mais, dans le cas contraire, peuvent avoir un comportement difficile et agressif. Bourrés d'énergie et très éveillés, ils ont besoin de participer à toutes les activités familiales.

Jack Russell Terrier

Le Jack Russell Terrier est plus court sur pattes que le Parson Russell Terrier. Sa reconnaissance par les fédérations canines est récente. La race conserve un type très hétérogène dû à sa grande diversité génétique – un gage de bonne santé. Ce petit chien possède le même caractère que son cousin, d'où l'importance de bien le socialiser.

Border Terrier

Poids: *5,1-7,1 kg* **Taille**: *33-40 cm*
Caractère: *gentil, actif, docile*
Exercice: *modéré*
Entretien: *minimal + stripping périodique*

Le Border Terrier a été sélectionné par des éleveurs écossais au XVIIIe siècle pour tuer les renards et les rongeurs. Sa petite taille et sa joie de vivre en font un chien de compagnie populaire. Bien qu'il doive être correctement socialisé avec les chats et ses congénères, il est facile à contrôler. Joueur et d'une bonne nature, il adapte sans problème ses besoins d'exercice à ceux de son maître. Il est éveillé et adore être entouré, même si son caractère indépendant lui permet de rester seul. Rapide et agile, il excelle dans les concours d'agility. C'est un compagnon très agréable, à condition d'être bien socialisé et éduqué.

▽ **Chien actif**
Le Border Terrier adore sortir en promenade, mais aime aussi rester sur vos genoux.

Cavalier King Charles

Poids: *5,4-8 kg* **Taille**: *25-34 cm*
Caractère: *gai, doux, joueur*
Exercice: *modéré*
Entretien: *toilettage quotidien*

Le Cavalier King Charles est doté d'un museau moins aplati et d'un crâne plus plat que le King Charles, qui est une race différente. Malheureusement, une sélection poussée a entraîné de nombreuses tares chez ce petit chien qui, par ailleurs, fait un excellent animal de compagnie pour toute la famille. Alors veillez à trouver un spécimen en bonne santé.

Lhassa Apso

Poids: *4-7 kg* **Taille**: *25,4 cm, un peu moins pour les femelles*
Caractère: *vif, actif, aboyeur*
Exercice: *modéré*
Entretien: *toilettage quotidien minutieux*

Élevé dans les lamaseries et les temples tibétains pour monter la garde, ce petit chien ne manquera pas de vous avertir de la présence d'un intrus ! Intelligent et volontaire, il a besoin d'une solide éducation. Son poil épais, adapté aux climats froids, réclame un long toilettage.

Cairn Terrier

Poids: *6-7,5 kg* **Taille**: *28-31 cm*
Caractère: *actif, joueur, sociable*
Exercice: *modéré*
Entretien: *minimal + stripping*

Chien de travail depuis le XVIIe siècle, ce Terrier très joueur est originaire des Highlands et des îles de l'ouest de l'Écosse. Sélectionné pour chasser les renards et les rongeurs autour des cairns (monticules rocheux), il a gardé son atavisme de prédateur et doit être surveillé en présence de petits animaux. Il faut le socialiser de bonne heure aux chats. Vif et remuant, il doit toujours être occupé.

Schnauzer nain

Poids : *4-7 kg* Taille : *30-35 cm*
Caractère : *vivant, joueur, sociable*
Exercice : *modéré*
Entretien : *toilettage quotidien + tonte régulière*

Issu du Schnauzer moyen, le Schnauzer nain est né en Allemagne au XIXe siècle. Utilisée à l'origine pour monter la garde et limiter la prolifération des nuisibles, la race actuelle a gardé un instinct de chasseur et avertit volontiers ses maîtres de la présence d'intrus. Intelligent et joueur, ce petit chien est un excellent chien de compagnie.

Carlin

Poids : *6,3-8,1 kg* Taille : *30-40 cm*
Caractère : *extraverti, gai, facile à vivre*
Exercice : *minimal*
Entretien : *minimal*

Probablement originaire de Chine, le Carlin s'est rapidement répandu à travers l'Europe au XVIe siècle. En raison d'une sélection poussée, les Carlins actuels sont sujets à des problèmes de santé héréditaires, dont les troubles respiratoires et les ronflements. Mais leur bonne nature en fait des chiens de compagnie très populaires.

West Highland White Terrier

Poids : *6-8 kg* Taille : *environ 28 cm*
Caractère : *fougueux, actif, aboyeur*
Exercice : *modéré*
Entretien : *brossage quotidien + tonte régulière*

Le Westie (c'est son surnom) a été sélectionné dès le XVIIIe siècle pour chasser les nuisibles. Veillez à trouver un individu en bonne santé, les affections cutanées chroniques étant fréquentes. C'est un excellent chien de compagnie pour les maîtres qui ont du caractère !

Teckel

Poids : *jusqu'à 3,5 (Kaninchen), jusqu'à 4,5 kg (nain) et jusqu'à 9 kg (standard)* Taille : *30-35 cm*
Caractère : *placide, joueur, facile à vivre*
Exercice : *modéré*
Entretien : *minimal*

Né en Allemagne au XXe siècle, le Teckel est à l'origine un chasseur de blaireaux. Il existe en trois tailles – standard, nain et Kaninchen – et en trois variétés différentes. Cette race au dos long et à la cage thoracique courte est prédisposée aux problèmes de dos, notamment aux hernies discales. Il faut donc soulever un Teckel avec précaution et éviter les jeux brutaux avec les enfants. C'est un petit chien joyeux et affectueux.

Teckel à poil ras

Teckel à poil dur

Trois types de poil
Le Teckel peut être à poil ras, à poil dur ou à poil long. La variété à poil long réclame un toilettage plus contraignant que les deux autres.

Teckel à poil long

Les chiens de taille moyenne

Ils n'ont pas les inconvénients des petits et des grands chiens : vous les voyez suffisamment pour ne pas leur marcher dessus… mais ils ne sont pas trop encombrants, même si vous habitez une petite maison.

Un chien de taille moyenne est le gabarit idéal si vous n'avez pas la place d'accueillir un grand chien mais ne voulez pas d'un chien trop petit. Il convient parfaitement à la plupart des moyennes surfaces. Il est suffisamment robuste pour participer à la plupart des activités sportives et jouer avec les enfants, aux gestes parfois brutaux et maladroits. Bien qu'il mange moins que les chiens de grande taille, ses besoins d'exercice sont variables – certaines races réclamant même une dépense physique supérieure à celle des grands chiens. Comparé à un chien de grande taille, il est plus facile à manipuler et donc à calmer, risque moins de vous renverser, fait moins de saletés dans la maison et risque moins de faire tomber des objets avec sa queue. Enfin, son assurance santé coûte moins cher.

◁ **Juste la bonne taille**
Un chien de taille moyenne, tel ce Bouledogue français, est, pour certains maîtres, plus un « vrai » chien qu'un petit chihuahua.

▷ **Idéal pour les maîtres actifs**
Moins fragiles que les petits chiens, les chiens de taille moyenne, tel ce Fox Terrier, sont les compagnons idéaux de maîtres actifs.

Shetland

Poids : *6-9 kg* Taille : *35,5-37 cm*
Caractère : *timide, doux, sensible*
Exercice : *modéré*
Entretien : *toilettage quotidien minutieux*

Le Shetland a été développé au XVIIe siècle pour garder les troupeaux dans les îles Shetland, en Écosse. Il résulte sans doute du croisement de Bergers autochtones avec des chiens nordiques. La sélection a accentué sa ressemblance avec le Colley. Le Shetland actuel est doté d'une fourrure épaisse et craint donc les coups de chaleur. Il a besoin d'être socialisé correctement et de bonne heure pour vaincre sa méfiance naturelle.

Bouledogue français

Poids : *8-14 kg* Taille : *30-35 cm*
Caractère : *affectueux, extraverti, facile à vivre*
Exercice : *minimal*
Entretien : *minimal*

Les origines du Bouledogue français demeurent mystérieuses, même s'il est probablement issu de Bulldogs anglais introduits en France au XIXe siècle. Chien de compagnie depuis des générations, c'est un animal gai, joueur et doté d'une bonne nature. Sa face aplatie le prédispose aux troubles respiratoires et aux ronflements.

Terrier tibétain

Poids : *8-13 kg* Taille : *35,6-40,6 cm*
Caractère : *intelligent, enthousiaste, aboyeur*
Exercice : *modéré*
Entretien : *toilettage quotidien + tonte régulière*

Sélectionnés comme chiens de garde par les moines tibétains, les Terriers tibétains sont probablement les ancêtres de races similaires tels le Shih-Tzu et le Lhassa Apso. Vif et plein d'entrain, ce chien exige d'être socialisé correctement et éduqué de bonne heure pour bien se comporter à l'âge adulte, et notamment apprendre à ne pas aboyer de manière excessive.

Welsh Corgi

Poids : *12-15 kg* Taille : *environ 30 cm*
Caractère : *intelligent, protecteur, fidèle*
Exercice : *modéré*
Entretien : *minimal*

Welsh Corgi Cardigan

Sur les deux races de Welsh Corgi, le Cardigan et le Pembroke, c'est le Pembroke le plus répandu en raison de son adoption par la famille royale britannique. Les deux races, nées au Pays de Galles, sont destinées à l'origine à la garde des troupeaux, d'où leur caractère bien trempé. Elles ont besoin d'une éducation ferme et stimulante. Une bonne socialisation leur fera surmonter leur réserve naturelle et les empêchera de mordiller les mollets de leur entourage. Joueurs et dynamiques, les Welsh Corgi ont besoin de maîtres actifs.

Welsh Corgi Pembroke

Staffordshire Bull-Terrier

Poids : *11-17 kg* Taille : *35,5-40,5 cm*
Caractère : *enthousiaste, joueur, dynamique*
Exercice : *soutenu*
Entretien : *minimal*

Le Bull-Terrier du Staffordshire a été créé dans l'Angleterre du début du XIXe siècle pour combattre avec ses congénères après l'interdiction des combats de taureaux et d'ours. Les éleveurs ont sélectionné les individus les plus déterminés et les plus courageux – des traits de caractère que la race actuelle a conservés. Une socialisation précoce avec ses congénères est indispensable pour prévenir toute agressivité à leur égard. Toujours partant pour jouer avec les enfants, ce chien a besoin de participer activement aux activités familiales pour canaliser son trop-plein d'énergie.

Fox-Terrier

Poids : *7-8 kg* Taille : *38-39 cm*
Caractère : *fougueux, vif, impulsif*
Exercice : *modéré à soutenu*
Entretien : *minimal*

Les deux races, à poil lisse et à poil dur, ont été sélectionnées pour débusquer les renards. Elles ont également des traits de caractère identiques puisqu'elles étaient confondues jusqu'au début du XXe siècle.

Le Fox-Terrier est un chien intelligent, vif, joueur, affectueux et débordant d'énergie. Excitable et facilement bagarreur, il réclame un maître capable de maîtriser son fort caractère et son instinct de prédateur. Bien éduqué, il sera un compagnon agréable.

Fox-Terrier à poil dur

Fox-Terrier à poil lisse

Beagle

Poids : *environ 17 kg* Taille : *33-40 cm*
Caractère : *sociable, indépendant, aboyeur*
Exercice : *modéré à soutenu*
Entretien : *minimal*

D'origine très ancienne, cette race a été sélectionnée pour la chasse au lièvre. Le Beagle actuel a gardé son instinct de pisteur et de chasseur, ce qui peut poser problème en promenade. Joyeux et faciles à vivre, ces chiens s'entendent bien avec les humains, leurs congénères et les autres animaux.

Whippet

Poids : *environ 12 kg* Taille : *44-51 cm*
Caractère : *doux, calme, affectueux*
Exercice : *modéré*
Entretien : *modéré*

Le Whippet a été créé au milieu du XIXe siècle à partir du Greyhound (lévrier) et d'un Terrier pour la chasse au lapin et au petit gibier. Ce chasseur à vue adore les poursuites et les courses rapides, ce qui peut le rendre difficile à contrôler en promenade. À la maison, c'est un chien calme et affectueux. Il doit être protégé du froid en raison de son poil fin.

Épagneul breton

Poids : *15-18 kg* Taille : *47-51 cm*
Caractère : *intelligent, actif, enthousiaste*
Exercice : *soutenu*
Entretien : *assez contraignant*

Né en Bretagne au XIXe siècle, ce chien a été croisé avec des Setters, des Pointers et des Springers anglais. C'est le plus petit des chiens d'arrêt. Intelligent, il apprend facilement et réclame un maître capable de canaliser son énergie débordante dans des tâches utiles. Docile et très affectueux, il aime travailler, quelle que soit sa mission. C'est un bon chien de compagnie au sein d'une famille aux activités multiples.

Cocker

Poids : *12,5-15 kg* Taille : *34-41 cm*
Caractère : *docile, actif, affectueux*
Exercice : *soutenu*
Entretien : *brossage régulier, notamment des oreilles*

Il existe deux races de Cocker : l'anglais et l'américain. Les Anglais ont créé la race pour chasser le faisan et la bécasse. Sa taille réduite lui permet de se faufiler facilement dans les broussailles et les ronces. Le Cocker anglais a été introduit aux États-Unis par des colons anglais qui ont modifié la race pour produire le Cocker américain. Les Cockers peuvent se montrer têtus et volontaires, il faut donc leur fixer des limites dès leur plus jeune âge. Relativement peu encombrant et de nature enjouée, le Cocker est l'une des races canines les plus populaires.

◁ **Toujours partant**
Le Cocker est un chien plein de vie qui réclame un maître capable de canaliser positivement son énergie et de l'éduquer avec douceur et fermeté.

Cocker anglais

Springer anglais

Poids : *environ 22,5 kg* Taille : *environ 51 cm*
Caractère : *énergique, enthousiaste, joueur*
Exercice : *très soutenu*
Entretien : *modéré*

Le Springer anglais a été sélectionné au XIXe siècle pour lever le gibier d'eau et le rapporter. Il est d'un naturel gentil et sociable, et les individus dotés d'un mauvais caractère sont très rares. Facile à éduquer, il adore qu'on lui donne du travail. Seul problème : ses maîtres sont rarement capables de satisfaire son besoin énorme de dépense physique. Il lui faut de longues promenades et des parties de jeu fréquentes. Un foyer actif et stimulant au possible lui est indispensable.

▷ **Travailleur infatigable**
Le Springer anglais est toujours prêt à travailler et très endurant. Il a besoin d'un entourage actif qui ait le temps de faire de longues promenades et de jouer beaucoup avec lui.

Shar Peï

Poids : *environ 20 kg* Taille : *44-51 cm*
Caractère : *indépendant, réservé, fidèle*
Exercice : *modéré*
Entretien : *surveiller ses multiples plis cutanés*

Originaire de Chine et partageant un ancêtre commun avec le Chow-Chow, le Shar Peï a été sélectionné pour remplir différentes fonctions, dont la garde des temples, celle des troupeaux et la chasse. Une sélection qui exagère les plis cutanés donne de charmants chiots tout plissés, mais prédispose la race à des affections de la peau et à l'entropion (un enroulement de la paupière vers l'intérieur qui nécessite une opération). Il doit être socialisé très jeune.

Bulldog

Poids : *23-25 kg* Taille : *30-40 cm*
Caractère : *sociable, courageux, fidèle*
Exercice : *minimal*
Entretien : *minimal*

Apparu au XVIIe siècle, le Bulldog était alors destiné aux combats de taureaux et d'ours. Lorsque ces divertissements ont été interdits, les éleveurs ont cherché à produire un corps plus trapu et une face plus écrasée, mais cette sélection de plus en plus poussée le prédispose aux troubles respiratoires, aux ronflements et aux coups de chaleur. La grosse tête du Bulldog empêche les accouchements par voie naturelle. Et il ne lui faut pas trop d'exercice. Mais c'est un compagnon gentil, affectueux et très comique.

Bull Terrier

Poids : *20-40 kg* Taille : *53-56 cm*
Caractère : *fougueux, obstiné, fidèle*
Exercice : *modéré à soutenu*
Entretien : *minimal*

Le Bull-Terrier est né au XIXe siècle du croisement du Bulldog avec des Terriers blancs. La race actuelle offre une grande variété de couleurs. C'est un chien énergique, mais qui préfère le jeu à la course. Il adore les jeux de combat lors desquels ses maîtres doivent veiller à le garder sous contrôle et à avoir toujours le dessus. Il a besoin d'un entourage actif et très stimulant.

Les grands chiens

Ils réclament un investissement important dans tous les sens du terme – exercice, jeu, toilettage et entretien général. Il leur faut de la place ainsi que des espaces propices aux longues promenades sans laisse.

En général, les grands chiens sont beaucoup plus exigeants que leurs congénères de petite taille. Vous devez leur consacrer, non seulement plus de temps et d'énergie, mais aussi un budget plus conséquent. Cela dit, leurs avantages sont nombreux. Premièrement, vous ne risquez pas de ne pas les voir et de leur marcher dessus. Deuxièmement, ils ont un effet dissuasif sur les voleurs et les agresseurs et peuvent aider vos enfants à se sentir davantage en sécurité. Troisièmement, beaucoup sont plus faciles à éduquer que les petits, et un grand chien bien élevé fait forte impression. Quatrièmement, ils sont souvent plus rapides et plus dynamiques que les petits chiens, ce qui fait le bonheur des maîtres passionnés de sports canins comme l'*agility* ou qui pratiquent une activité à laquelle leur chien peut participer.

◁ Long et court sur pattes
Le Basset Hound est un grand chien aux membres courts. Il faut beaucoup de force pour lui résister s'il est déterminé à courir. Il doit apprendre tôt à ne pas tirer sur sa laisse.

△ Né pour courir
Le Dalmatien est fait pour la course. Les chiots doivent être bien éduqués au rappel et les adultes doivent disposer d'assez d'espace pour courir librement.

Border Collie

Poids : *15-20 kg* Taille : *50-53 cm*
Caractère : *intelligent, réactif, dévoué à son maître*
Exercice : *très soutenu*
Entretien : *modéré*

Originaire des Borders, région située à la frontière de l'Écosse et de l'Angleterre, la race a été sélectionnée au début du XXe siècle pour la garde des troupeaux de moutons. On pourrait croire que le Border Collie possède un talent inné pour comprendre les hommes, mais c'est principalement parce qu'il est très réceptif à l'apprentissage – il est intelligent, vif et établit des liens étroits avec son maître. Une socialisation précoce empêchera sa réactivité naturelle de le rendre, plus tard, nerveux et craintif.

Canaliser son instinct

Le Border Collie reste avant tout un chien de travail. L'élevage sélectif a renforcé son talent pour la poursuite, d'où sa fâcheuse tendance à pourchasser tout ce qui bouge autour de lui. Il est déconseillé de faire de lui un chien de compagnie, mais si c'est le cas, vous devez canaliser ses instincts dans des parties de jeu fréquentes et stimulantes pour l'empêcher de courir après les joggeurs, les chats, le bétail et les voitures.

Husky sibérien

Poids: *15-28 kg* **Taille**: *51-60 cm*
Caractère: *actif, intelligent, indépendant*
Exercice: *très soutenu*
Entretien: *toilettage quotidien minutieux*

Cette race était autrefois indispensable aux Tchouktches, un peuple sibérien semi-nomade qui se déplaçait en traîneau sur de longues distances. Le Husky sibérien a de l'endurance à revendre et doit absolument faire beaucoup d'exercice tous les jours. N'adoptez ce chien que si vous êtes très actif et sûr de pouvoir l'emmener courir dans la campagne. Ne le laissez jamais non tenu en laisse à proximité du bétail ou d'autres animaux, car il possède un fort atavisme de chasseur.

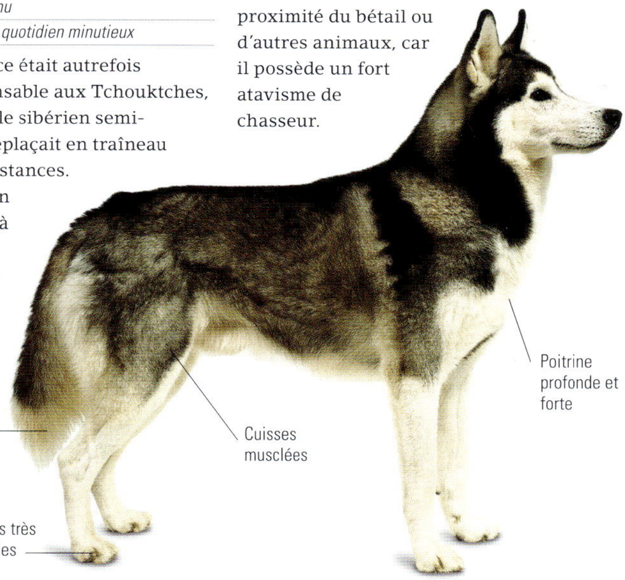

Basset Hound

Poids: *25-30 kg* **Taille**: *33-38 cm*
Caractère: *doux, sociable, indépendant*
Exercice: *soutenu*
Entretien: *minimal*

Le Basset Hound est un chasseur au nez, sélectionné pour la chasse au lièvre et au lapin. Lorsqu'il est sur la piste d'un animal, il est très difficile de le contrôler, ce qui peut poser problème en promenade. Mais il est très apprécié pour sa nature affectueuse, sociable et joyeuse.

Bearded Collie

Poids: *25-30 kg* **Taille**: *51-56 cm*
Caractère: *joueur, actif, sensible*
Exercice: *très soutenu*
Entretien: *toilettage quotidien minutieux*

Issu de Bergers polonais et de Bergers d'Écosse, le Bearded Collie a été sélectionné au XVIe siècle pour conduire les troupeaux de bovins et d'ovins. Les spécimens actuels ont gardé un fort atavisme pour la conduite et la poursuite, d'où la nécessité de canaliser régulièrement leur trop-plein d'énergie dans des jeux de poursuite avec des jouets. Sensible, ce chien a besoin d'être socialisé dès son plus jeune âge.

Berger australien américain

Poids: *20-25 kg* **Taille**: *46-58 cm*
Caractère: *intelligent, actif et volontaire*
Exercice: *très soutenu*
Entretien: *modéré*

Quasiment inconnu en Australie, ce chien a été sélectionné dans les ranchs de la côte Ouest des États-Unis aux XIXe et XXe siècles à partir de plusieurs chiens de berger. C'est un chien dynamique, qui a besoin d'être occupé et constamment stimulé. Il lui faut un maître au caractère aussi volontaire que le sien.

Colley à poil long

Poids: *18-29,5 kg* **Taille**: *51-61 cm*
Caractère: *sensible, doux, fidèle*
Exercice: *modéré*
Entretien: *toilettage quotidien minutieux*

Le Colley à poil long a été sélectionné pour garder les moutons en Écosse. Même s'il a conservé son instinct de rassembleur de troupeaux, il est intelligent et apprend facilement. Mal socialisé, il peut devenir excessivement timide et craintif. Il s'épanouit au sein d'un foyer tranquille, avec un maître doux et calme.

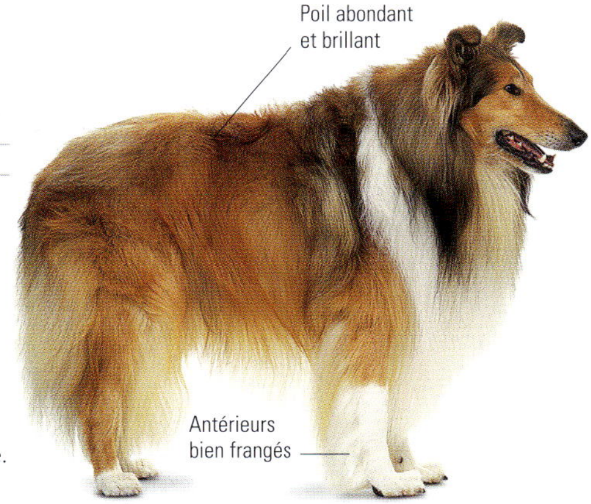

Grand Caniche

Poids: *21-23 kg* **Taille**: *45-60 cm*
Caractère: *intelligent, vif, facile à vivre*
Exercice: *soutenu à très soutenu*
Entretien: *toilettage quotidien + tonte régulière*

La race a été sélectionnée dès le XVe siècle en Allemagne pour assister les chasseurs de canards, puis développée par les Français. Le grand Caniche est le plus grand des trois Caniches. Son poil bouclé ne mue pas et réclame beaucoup d'entretien. Affectueux et joueur, il apprend vite et a besoin de beaucoup d'exercice.

Airedale Terrier

Poids: *environ 20 kg* **Taille**: *56-61 cm*
Caractère: *intelligent, courageux, fidèle*
Exercice: *modéré*
Entretien: *stripping périodique*

La race a été créée au XIXe siècle dans le Yorkshire, en Angleterre, pour chasser les loutres et les blaireaux, ainsi que pour monter la garde. L'Airedale actuel a un instinct protecteur et doit être socialisé de bonne heure pour ne pas manifester d'animosité envers ses congénères. Il est joueur et s'entend très bien avec les enfants. Mais il réclame un maître expérimenté et au caractère bien trempé, car il n'est pas toujours facile à éduquer et à manipuler. En raison de son fort atavisme de chasseur, il ne faut jamais le laisser seul avec des chats ou d'autres petits animaux qu'il ne connaît pas.

△ **Une robuste nature**
L'Airedale est dévoué à son maître et constitue un bon chien familial s'il est bien socialisé et éduqué jeune.

Braque allemand

Poids: *27-32 kg* **Taille**: *58-66 cm*
Caractère: *sociable, dynamique, joueur*
Exercice: *très soutenu*
Entretien: *minimal*

Le Braque allemand à poil court a été créé au XIXe siècle en Allemagne : il est issu de Braques espagnols et anglais croisés avec des Foxhounds et d'autres bons pisteurs. C'est un chien de chasse polyvalent, qui sait aussi bien rechercher et arrêter le gibier que le rapporter. Agile, actif et très endurant, il réclame un maître énergique, qui le stimule et lui fasse faire beaucoup d'exercice. De nature joueuse, le Braque allemand canalise facilement son trop-plein d'énergie dans le jeu. Il est doté d'une bonne nature, désireux de plaire et facile à éduquer.

Dalmatien

Poids: *24-32 kg* **Taille**: *54-61 cm*
Caractère: *indépendant, extraverti, sociable*
Exercice: *très soutenu*
Entretien: *minimal*

Ce chien doit son nom au fait d'avoir été élevé en grand nombre en Dalmatie. Sélectionné pour accompagner les voitures à chevaux en Angleterre et les voitures de pompiers aux États-Unis, le Dalmatien est un athlète né qui peut devenir turbulent si son maître ne lui fait pas faire assez d'exercice. Il est d'ordinaire facile à vivre, mais se montre parfois têtu.

Boxer

Poids: *25-30 kg* **Taille**: *53-63 cm*
Caractère: *exubérant, joueur, sociable*
Exercice: *très soutenu*
Entretien: *minimal*

Le Boxer résulte de l'accouplement d'un Bulldog anglais et d'un Bullenbeisser, une race aujourd'hui éteinte utilisée pour chasser l'ours, le sanglier et le cerf. Il a été sélectionné en Allemagne pour poursuivre, saisir et maintenir les proies dans sa gueule jusqu'à l'arrivée des chasseurs. Rien d'étonnant à ce que les Boxers actuels soient courageux et assez forts de caractère pour attaquer si nécessaire. Mais dans leur foyer, ils sont d'adorables clowns. Ce chien doit son nom à sa tendance à « boxer » avec ses pattes antérieures au cours des parties de jeu. C'est un excellent chien de compagnie, qui adore s'amuser avec les enfants, d'où sa popularité. Très actif, il a besoin de participer sans réserve aux activités familiales. Il faut le socialiser dès son plus jeune âge, notamment avec ses congénères, et lui apprendre très tôt les bonnes manières pour limiter son exubérance et son affirmation.

Un partenaire de jeu idéal

Le caractère très joueur du Boxer fait de lui un excellent partenaire de jeu pour les enfants. Cela lui permet de dépenser son énergie et d'échanger avec son entourage humain, lui qui est si sociable. Comme avec tous les chiens (et les enfants), il faut fixer les règles du jeu dès le départ.

Un maître doux mais ferme, qui sait s'imposer par des méthodes d'éducation positives, en tirera le meilleur. Les Boxers sont intelligents et relativement faciles à éduquer, mais peuvent se montrer effrontés et désobéissants si leur maître ne leur inculte pas très tôt les règles de bonne conduite.

Leur face aplatie et leur mâchoire proéminente – des caractéristiques sélectionnées pour leur permettre de saisir solidement leurs proies – les prédisposent à baver et à ronfler.

△ **Un bon gardien**
Le Boxer peut être méfiant envers les étrangers et réagit aussitôt à la présence d'intrus. En cas de menace, il assure donc la sécurité de sa famille. Néanmoins, il a besoin d'être correctement éduqué pour que ses qualités de gardien ne dégénèrent pas en agressivité mal contrôlée.

Labrador Retriever

Poids : *25-30 kg* Taille : *54-57 cm*
Caractère : *docile, sociable, joueur*
Exercice : *très soutenu*
Entretien : *minimal*

Originaire de l'île de Terre-Neuve, au Canada, le Labrador Retriever était utilisé au XVe siècle par les pêcheurs de morue pour récupérer les poissons échappés des filets. Il a été introduit en Grande-Bretagne au XIXe siècle pour assister les chasseurs de canards.

Polyvalent, équilibré et facile à éduquer, le Labrador est l'une des races les plus populaires. Essentiellement chien de chasse et de compagnie, il brille aussi comme chien d'assistance, en particulier comme chien guide d'aveugles, grâce à son bon caractère et sa docilité. Mais ce n'est pas tout : son flair puissant lui permet d'être un excellent détecteur de drogues ou d'explosifs et de servir dans la police et chez les pompiers comme chien de recherche.

Compagnon joueur et dynamique, le Labrador a besoin de beaucoup d'exercice physique et de stimulation mentale. Gourmand, il n'hésite pas à voler de la nourriture dans la poubelle ou sur la table de cuisine, d'où la nécessité de l'éduquer comme il faut dès son plus jeune âge. Il faut également surveiller son poids, car il a tendance à l'obésité, surtout s'il est châtré.

Une bonne éducation empêche son enthousiasme naturel de dépasser les limites. Il est réceptif à l'apprentissage et obéissant, car toujours désireux de plaire à son maître.

△ **Un caractère joueur**
L'enthousiasme et l'énergie du Labrador doivent être canalisés dans le jeu pour empêcher des comportements inacceptables. C'est un chien qui ne se lasse jamais de rapporter les objets qu'on lui lance.

△ **De l'énergie à revendre**
Le Labrador doit pouvoir courir librement pour rester en forme. L'apprentissage du rappel permet de le laisser courir sans laisse en toute sécurité. S'il est socialisé très tôt avec ses congénères et les autres animaux, il deviendra un compagnon très agréable à promener.

Chien guide d'aveugle

Paisibles et équilibrés, travailleurs et fiables, les Labradors font de merveilleux chiens guides d'aveugles. On leur apprend à contourner les obstacles et à traverser en l'absence de danger. Il faut plusieurs années pour former un chien guide d'aveugle, mais quelle joie de retrouver sa liberté !

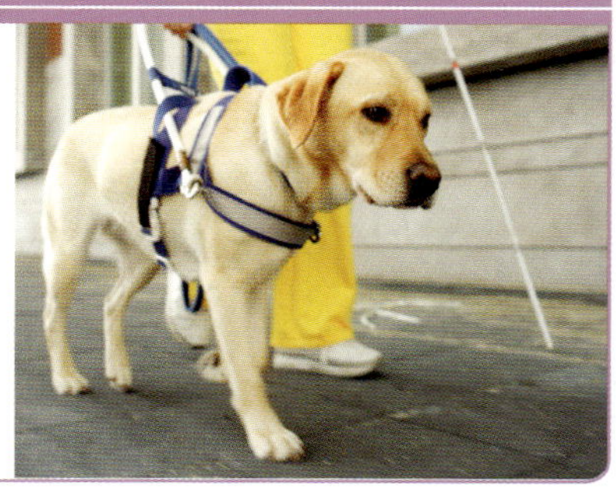

Hovawart

Poids: *25-45 kg* Taille: *58-70 cm*

Caractère: *intelligent, fidèle, protecteur*

Exercice: *très soutenu*

Entretien: *modéré*

Le Hovawart est originaire d'Allemagne. Son nom signifie « gardien de la ferme ». Outre sa fonction de chien de garde, le Hovawart était aussi gardien de troupeaux. Il protège efficacement sa famille des intrus, mais il doit être correctement socialisé et éduqué pour se montrer tolérant à l'égard des étrangers. Réceptif à l'apprentissage, c'est un chien affectueux et fidèle à son maître.

Braque allemand à poil dur

Poids: *27-32 kg* Taille: *58-66 cm*

Caractère: *obéissant, énergique, joueur*

Exercice: *très soutenu*

Entretien: *minimal*

Sélectionné en Allemagne à partir du Braque allemand à poil court et de races à poil dur, le Braque allemand à poil dur est un chien de chasse polyvalent et robuste. Plus méfiant à l'égard des étrangers que son cousin à poil court, il réclame une bonne socialisation précoce. Cela dit, il est affectueux avec son maître, soucieux de plaire et facile à éduquer.

Berger belge

Poids: *20-30 kg* Taille: *58-62 cm*

Caractère: *réactif, intelligent, protecteur*

Exercice: *très soutenu*

Entretien: *variable selon la variété*

Les différentes variétés de la race tirent leur nom des régions dont elles sont originaires. Le Berger belge a été sélectionné pour ses qualités de chien de berger et de chien de garde. Très sensible, il a besoin d'être habitué très tôt aux humains, aux animaux et à la vie quotidienne. Il est facile à éduquer, fidèle et dévoué à sa famille. Son maître doit être à la fois assuré et sensible et lui donner tout l'exercice dont il a besoin.

Malinois

Tervueren

Grœnendael

La même race ?
Dans leur pays d'origine, la Belgique, ces quatre variétés sont considérées comme une seule et même race. En France aussi. Mais ailleurs elles sont enregistrées comme races différentes. En réalité, ces variétés sont si proches qu'une même portée peut comprendre des chiots avec les quatre variétés de poil différents.

Laekenois

Golden Retriever

Poids: *25-31,5 kg* Taille: *51-61 cm*
Caractère: *sociable, joueur, gentil*
Exercice: *soutenu*
Entretien: *toilettage quotidien*

Le Golden Retriever est né au XIXe siècle de l'union d'un mâle Retriever à poil plat de couleur jaune et d'une femelle Tweed Water Spaniel, race aujourd'hui disparue. Le but était de produire un chien de chasse robuste et puissant d'une nature douce et docile. Le Golden Retriever actuel se caractérise principalement par son très bon caractère, ce qui explique son immense popularité comme chien familial. Joueur, énergique et endurant, il a besoin de se dépenser à l'extérieur et le travail ne lui fait pas peur. Mais il sait aussi se reposer tranquillement à la maison. Il lui faut un maître très présent avec lequel il puisse partager de multiples activités.

Gentil et enjoué, il s'entend très bien avec les enfants à condition d'avoir été habitué à eux de bonne heure.

Toujours prêt à travailler et facile à éduquer, le Golden Retriever est le chien de travail idéal. Il peut jouer tous les rôles – chien d'avalanche, auxiliaire de police, chien thérapeute et chien d'assistance, notamment aux aveugles.

Né pour rapporter

Un Golden Retriever de bonne race apprend facilement le rapport. Veillez à acquérir un chiot issu de géniteurs obéissants, certaines lignées d'exposition étant trop possessives. Une éducation précoce et des parties de jeu fréquentes sont la garantie que votre chien rapportera les objets que vous lui lancez.

△ Une race active
Le Golden Retriever a une énergie débordante qu'il doit canaliser dans la course, les longues promenades et les activités sportives. Il a besoin de maîtres dynamiques qui le fassent participer activement à tous les aspects de la vie familiale.

Flat coated Retriever

Poids: *25-36 kg* Taille: *56-61,5 cm*
Caractère: *doux, affectueux, extraverti*
Exercice: *soutenu*
Entretien: *minimal*

Né au milieu du XIXe siècle en Angleterre, le Flat Coated Retriever a été sélectionné pour ses talents de chasseur polyvalent. Doux, attentif et joueur, c'est le chien idéal pour toute la famille. Il est toujours prêt à rapporter les objets qu'on lui lance. Il a besoin d'exercice pour canaliser son trop-plein d'énergie, mais il n'est pas turbulent de nature. Il est toujours heureux de voir des gens, même des intrus malveillants, alors ne comptez pas sur lui pour monter la garde ! Désireux de faire plaisir, enjoué et affectueux, il convient aux maîtres peu expérimentés et sociables.

Berger allemand

Poids: *22-40 kg* **Taille:** *55-65 cm*
Caractère: *intelligent, protecteur, fidèle*
Exercice: *très soutenu*
Entretien: *toilettage quotidien pour les variétés à poils longs*

Cette race extrêmement populaire a été créée à la fin du XIXe siècle en Allemagne pour garder les troupeaux et monter la garde. Le Berger allemand, tel que nous le connaissons aujourd'hui, est né en 1893.

Incroyablement intelligent et extraordinairement réceptif à l'apprentissage, le Berger allemand se distingue aussi bien dans la sécurité civile et militaire que dans le sauvetage de personnes en détresse et la détection de stupéfiants et d'explosifs.

Le Berger allemand est un bon chien de compagnie – il est doux, patient et protecteur avec les enfants et réclame un maître qui prendra plaisir à l'éduquer et à jouer avec lui. Très dévoué, il saura protéger sa famille comme sa maison de toute menace potentielle pour leur sécurité. Une socialisation précoce l'empêchera de devenir craintif et inutilement agressif.

Les croisements réalisés pour produire des spécimens d'exposition ont engendré des faiblesses constitutionnelles et des dysplasies de la hanche fréquentes. Avant d'acheter un chiot, il faut donc vérifier ses origines: choisir un individu dont les parents sont indemnes de dysplasie et d'autres tares congénitales. Les géniteurs doivent aussi avoir bon caractère.

De nature très fidèle, ce chien a besoin d'un maître très complice, qui sache se faire obéir avec doigté et développe son goût du jeu. Chien de travail infatigable, il doit être sans cesse occupé, c'est pourquoi il ne faut pas hésiter à lui confier des tâches quotidiennes au sein du foyer.

△ Un instinct à canaliser
Joueur et actif, le Berger allemand adore pourchasser. Il faut donc canaliser son instinct puissant dans des parties de jeu, surtout s'il est élevé au milieu de jeunes enfants. Sinon, il risque de prendre l'habitude de courir après tout et n'importe quoi.

Chien policier

Sa réputation comme chien policier n'est plus à faire. Toujours en éveil, très réactif et d'un naturel protecteur, il surveille les criminels tout en assurant la protection du maître-chien. Il excelle pour prendre en chasse, rattraper et immobiliser les malfaiteurs en cavale grâce à sa rapidité et à sa force. Mais en dehors de ses missions de travail et s'il est correctement socialisé, il se montre pacifique et agréable à côtoyer. Son flair incomparable lui permet de pister les suspects et les personnes disparues, ainsi que de trouver des preuves matérielles dans le cadre d'affaires criminelles.

Rhodesian Ridgeback

Poids : *32-36,5 kg* Taille : *61-69 cm*
Caractère : *indépendant, intelligent, protecteur*
Exercice : *soutenu*
Entretien : *minimal*

Créé à la fin du XIXe siècle en Afrique du Sud, ce chien était très apprécié comme chien de chasse au Zimbabwe (la Rhodésie du Sud actuelle). Il chassait les lions en meute, rabattant les félins jusqu'à l'arrivée des chasseurs. Le Rhodesian Ridgeback actuel a conservé son atavisme de chasseur et sa tendance à pourchasser tout ce qui bouge, ce qui peut rendre les promenades difficiles. Très gourmand, il n'hésite pas à chaparder de la nourriture. C'est un chien affectueux et fidèle qui s'entend très bien avec les enfants. Il doit être socialisé de bonne heure avec les étrangers et ses congénères.

△ **Une crête sur le dos**
Cette race se caractérise par une crête dorsale, dont les poils sont orientés en sens inverse. Elle prend naissance juste derrière les épaules et va en décroissant jusqu'aux hanches.

Doberman

Poids : *32-45 kg* Taille : *63-72 cm*
Caractère : *intelligent, vif, protecteur*
Exercice : *soutenu*
Entretien : *minimal*

Ce chien a été créé à la fin du XIXe siècle par Friedrich Louis Doberman, un recouvreur d'impôts qui souhaitait obtenir le chien de garde idéal. Le Doberman actuel a conservé son instinct protecteur, mais il est facile à éduquer et à contrôler entre les mains d'un maître expérimenté et d'une grande fermeté. Très intelligent, il réclame beaucoup d'exercice pour canaliser son énergie débordante.

Schnauzer Géant

Poids : *35-45 kg* Taille : *60-70 cm*
Caractère : *intelligent, fidèle, protecteur*
Exercice : *soutenu*
Entretien : *toilettage quotidien + stripping régulier*

Issu du Schnauzer moyen, le Schnauzer géant a été sélectionné au XIXe siècle pour la conduite des troupeaux de bovins et la garde. Ce grand chien noir aux allures impressionnantes a ensuite été utilisé dans la police et l'armée. Dans son rôle de chien de compagnie, le Schnauzer géant est joueur, facile à vivre et protecteur. Sa barbe doit être lavée fréquemment pour ne pas porter d'odeur.

Braque de Weimar

Poids : *25-40 kg* Taille : *57-70 cm*
Caractère : *énergique, exubérant, joueur*
Exercice : *très soutenu*
Entretien : *minimal*

Le Braque de Weimar a été sélectionné au début du XIXe siècle en Allemagne pour ses qualités de chasseur polyvalent. Même s'il reste un chien de chasse, il est aujourd'hui devenu un chien de compagnie très apprécié. Joueur et extraverti, il a besoin de participer sans réserve à toutes les activités familiales. Sa vitalité et son endurance doivent être canalisées dans le travail ou le jeu. Il lui est indispensable de faire de l'exercice tous les jours et de courir librement. Éduqué de bonne heure et avec fermeté, il deviendra très obéissant. Il doit être correctement socialisé avec les étrangers et d'autres animaux.

Braque de Weimar à poil long

Braque de Weimar à poil court

Akita

Poids : *30-50 kg* Taille : *58-67 cm*
Caractère : *distant, protecteur, indépendant*
Exercice : *soutenu*
Entretien : *toilettage quotidien minutieux*

L'Akita est un chien imposant créé au XVIIe siècle pour la chasse à l'ours et les combats de chiens. Élevé pour ne pas montrer ses émotions, il est difficile de savoir ce qu'il pense et donc de prévoir ce qu'il va faire. Il a besoin d'un maître expérimenté, capable de gérer son caractère affirmé et sachant se faire respecter. Ce chien peut se montrer assez hostile vis-à-vis des autres animaux et doit être bien socialisé. Il est propre, calme et peu bruyant.

◁ **Une race puissante**
L'Akita est un grand chien puissant. Il montre peu d'intérêt pour le jeu à l'âge adulte et son indépendance peut le rendre difficile à éduquer. Il doit faire de l'exercice dans des espaces sécurisés, à l'écart de ses congénères.

Dogue de Bordeaux

Poids : *45-50 kg* Taille : *58-68 cm*
Caractère : *courageux, fidèle, protecteur*
Exercice : *soutenu*
Entretien : *minimal*

Probablement originaire de la région de Bordeaux, ce chien a été dressé pour se mesurer aux ours, aux taureaux et aux autres chiens avant de voir sa nature adoucie et rendue moins agressive par un élevage sélectif. Néanmoins, il réclame un maître qui sache s'imposer et une socialisation précoce, notamment avec ses congénères. En raison de la forme de sa mâchoire et de ses lèvres, il ronfle et bave beaucoup.

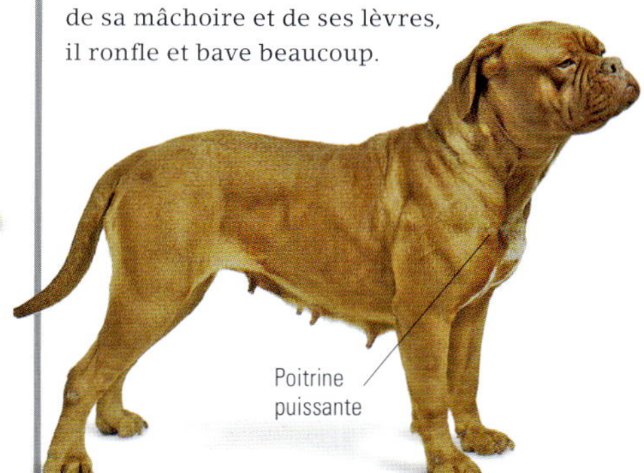

Fait pour se dépenser
Les Braques de Weimar sont très dynamiques et doivent se dépenser beaucoup pour être heureux. Outre de multiples activités et des parties de jeu fréquentes, ils doivent pouvoir courir en toute liberté, surtout quand ils sont jeunes.

Les très grands chiens

Ils sont réservés aux maîtres expérimentés et capables de gérer physiquement un animal qui pèse souvent plus lourd qu'eux. Ces « géants » en imposent, il faut leur consacrer du temps… et de l'argent.

Les propriétaires de chiens de très grande taille doivent savoir à quoi ils s'engagent: ces chiens coûtent plus cher à nourrir, à assurer, à faire garder, à soigner… Sans compter le problème du transport – qui dit très grand chien dit très grande voiture. Fait étonnant, les chiens de très grande taille n'ont généralement pas besoin d'autant d'exercice que certains de leurs cousins, plus petits et plus agiles. Ils préfèrent rester tranquilles et l'effort nécessaire pour déplacer leur grand corps les fatigue rapidement. Leur espérance de vie est d'ailleurs plus courte que les autres.

◁ **Le plus grand**
S'il est mal socialisé ou éduqué, le Dogue allemand peut représenter une menace physique pour ses congénères.

▷ **Le sauveteur**
Le Terre Neuve est utilisé pour le sauvetage en mer. Sa grande taille l'empêche de se refroidir et sa force lui permet de traîner les victimes qui se débattent dans l'eau jusqu'au rivage.

Il leur faut énormément d'espace et ils se sentent vite à l'étroit, privés de leur liberté de mouvement, dans un logement trop petit. Un grand jardin leur est nécessaire.

Leonberg

Poids: *60-80 kg* Taille: *65-80 cm*
Caractère: *calme, protecteur, affectueux*
Exercice: *soutenu*
Entretien: *toilettage quotidien*

Le Leonberg a été créé au XIXe siècle par le maire de Leonberg, une petite ville d'Allemagne, en croisant des Saint-Bernard, des Terre Neuve et d'autres races. Il est devenu un chien de garde et un chien de compagnie très apprécié. Malgré sa taille, il est très doux avec les enfants.

Bouvier bernois

Poids: *35-40 kg* Taille: *60-68 cm*
Caractère: *calme, protecteur, sociable*
Exercice: *modéré*
Entretien: *toilettage quotidien*

Ce chien a été sélectionné à l'origine pour travailler dans les fermes suisses comme chien de trait, chien de troupeaux et chien de garde. D'un naturel protecteur, il réclame une bonne socialisation assez tôt. Il ne sent pas sa force, il faut donc l'habituer vite à tirer des charges pour pouvoir le contrôler.

Rottweiler

Poids: *environ 50 kg* Taille: *56-68 cm*
Caractère: *protecteur, fidèle, vif*
Exercice: *soutenu*
Entretien: *minimal*

Le Rottweiler est à l'origine un chien de garde et un chien de troupeaux créé par des Allemands. Il réclame un maître expérimenté qui impose sa volonté. Sinon, il risque d'être surprotecteur.

Bullmastiff

Poids : *41-59 kg* Taille : *61-68,5 cm*
Caractère : *courageux, protecteur, dévoué*
Exercice : *modéré*
Entretien : *minimal*

En croisant des Bulldogs et des Mastiffs, des garde-chasse anglais du XIXe siècle ont obtenu le Bullmastiff, un chien destiné à attraper les braconniers. Puissant, le Bullmastiff actuel a gardé sa nature protectrice et une socialisation précoce, ainsi qu'une bonne éducation par un maître sûr de lui, sont indispensables pour l'empêcher de devenir surprotecteur. C'est un chien très affectueux avec les enfants.

Dogue allemand

Poids : *50-70 kg* Taille : *72-80 cm*
Caractère : *joueur, indépendant, affectueux*
Exercice : *modéré*
Entretien : *minimal*

Bien que ses origines restent mystérieuses, cette race antique a été conçue à l'origine pour chasser le sanglier. Le Dogue allemand actuel est un doux géant, le plus grand chien de compagnie. La prudence s'impose si on le laisse courir sans laisse, car il aime pourchasser les autres animaux. Il réclame une socialisation et une éducation précoces. Mais il est sociable et doté d'une bonne nature.

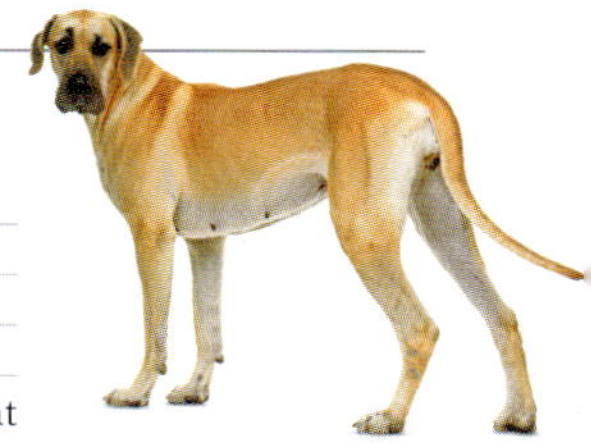

△ **Un coureur véloce** Étonnamment rapide, le Dogue allemand a besoin d'espace pour courir en liberté.

Terre Neuve

Poids : *54-68 kg* Taille : *66-71 cm*
Caractère : *calme, sociable, affectueux*
Exercice : *modéré*
Entretien : *toilettage quotidien*

Ce chien a été créé à Terre-Neuve, au Canada, pour aider les pêcheurs à ramener leurs filets jusqu'à la grève. Il souffre beaucoup de la chaleur en raison de son épaisse fourrure adaptée au froid et recherche souvent l'eau pour se rafraîchir. Il bave et halète beaucoup pour évacuer la chaleur excessive. C'est un bon chien familial, doux et sociable.

△ **Gare à la chaleur** Le Terre Neuve risque des coups de chaleur s'il fait beaucoup d'exercice : de courtes promenades sont conseillées. Il doit nager régulièrement pour se maintenir en bonne santé physique et psychique.

Saint-Bernard

Poids : *55-100 kg* Taille : *65-90 cm*
Caractère : *doux, sociable, dévoué*
Exercice : *modéré*
Entretien : *toilettage quotidien*

Élevé au XVIIe siècle par des moines de l'hospice du Grand Saint-Bernard, dans les Alpes suisses, ce chien sauvait les voyageurs égarés et les victimes d'avalanches. Sa grande taille répondait à une nécessité : ne pas se refroidir en travaillant des heures dans le froid. Le Saint-Bernard est un géant pacifique, facile à vivre et dévoué à ses maîtres. Il halète et bave beaucoup parce qu'il a souvent trop chaud, ce qui peut poser problème.

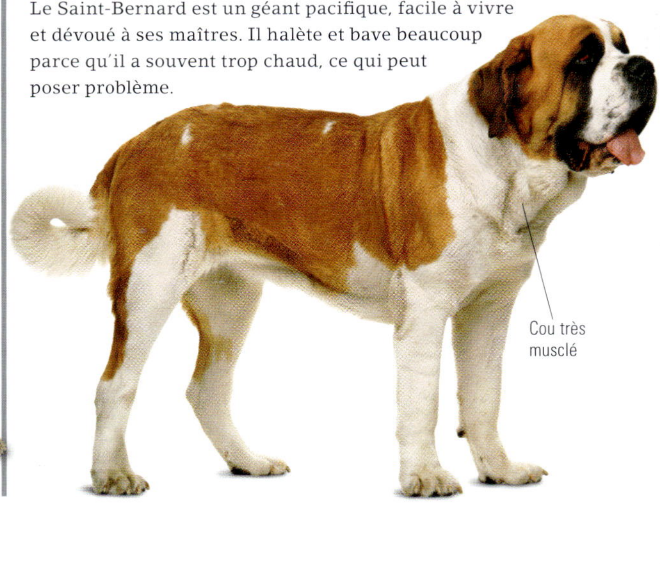

Bâtards et corniauds

Les bâtards et les corniauds ont une morphologie et un tempérament uniques. Ils sont tous différents et il faut attendre la maturité sexuelle pour connaître leur aspect physique, leur caractère et leur comportement.

Le bâtard est issu de géniteurs de deux races supposées pures ou d'un parent de race pure et d'un parent d'origine indéterminée, alors que le corniaud est un chien issu de races indéterminées dont les géniteurs étaient eux-mêmes bâtards ou corniauds. Les corniauds sont très répandus dans les pays où les chiens vagabondent en liberté. Dans les pays urbanisés, en revanche, les chiens errants sont interdits et conduits à la fourrière. D'ailleurs, ils sont généralement stérilisés pour limiter leur prolifération. Le bâtard est souvent le fruit d'un croisement naturel accidentel entre deux chiens de race, mais il peut résulter d'une sélection visant à obtenir un individu précis. Les croisements délibérés sont souvent nommés par un mot hybride – par exemple, le croisement d'un Cocker et d'un Caniche donne le Cockerpoo ou Cockapoo.

◁ **Traits héréditaires**
L'instinct qui pousse un chien à courir après une cible mobile et à s'amuser avec des jouets est un trait héréditaire. Mais son éducation influera sur ses traits comportementaux.

◁ **En meilleure santé**
Beaucoup de bâtards et de corniauds se portent mieux que les chiens de race car leurs gènes viennent de géniteurs moins susceptibles d'avoir un lien de parenté.

Tempérament et morphologie
En général, vous pouvez deviner la race d'au moins l'un des géniteurs d'un bâtard ou d'un corniaud à son tempérament et à sa morphologie. Avant de faire votre choix, étudiez bien ses traits de caractère.

▷ **Le Labradoodle**
Pour obtenir des chiens d'assistance qui ne perdent pas leurs poils ou dont le poil ne soit pas allergène, on a croisé des Labradors et des Caniches. Résultat: le Labradoodle. C'est aussi un chien de compagnie très apprécié dont la demande ne cesse de croître.

2

Tisser des liens

Comprendre son langage

Comprendre ses besoins

À chaque âge ses défis

Comprendre son langage

Si nous voulons être de **bons maîtres**, nous devons comprendre **en quoi** les chiens diffèrent des humains et comment ils **perçoivent le monde**. Ce chapitre vous aidera à comprendre **comment** les chiens **pensent** et à appréhender les **limites** de leur **fonctionnement mental**. Vous découvrirez comment votre animal **communique** avec ses congénères et **avec vous**, et comment vous pouvez « parler » avec lui en utilisant **son** langage. Enfin, vous apprendrez à **mériter le respect** de votre compagnon et à développer une relation **harmonieuse**, faite de confiance et de **complicité**, sans laquelle il n'y a pas d'**éducation réussie**.

LA CONFIANCE MUTUELLE
Aider les enfants à construire une relation de confiance mutuelle avec leur chien est bénéfique à leur développement et au bien-être de l'animal.

Comment pense-t-il ?

Le chien est un animal social, mais ses facultés de réflexion sont moins élaborées que celles de l'homme. Il faut en connaître les limites pour savoir ce que l'on peut ou non attendre de lui.

Ses rapports sociaux

Le comportement social des chiens offre de nombreuses similitudes avec le nôtre. Par exemple, ils accueillent avec enthousiasme le retour de l'un des leurs, ils sont tristes quand ils perdent un proche et ils font le maximum pour maintenir leurs liens mutuels. La vie sociale du chien est très proche de la façon dont nous nous comportons avec notre famille.

◁ **Accueil chaleureux**
Rentrer chez soi après une dure journée de travail et être accueilli par son compagnon à quatre pattes est une grande joie. Veillez toutefois à ce qu'il ne vous saute pas dessus *(p. 188-189)*.

Ses émotions

Les chiens semblent aussi partager la plupart de nos émotions, la joie quand ils s'amusent, la solitude quand ils sont séparés des leurs, la peur quand ils se sentent menacés et le ressentiment quand on les réprimande sans cesse. Même si nous ne pouvons pas être certains qu'ils ressentent les mêmes choses que nous puisque nous ne pouvons pas leur poser la question, leur comportement dans de nombreuses situations est si proche du nôtre qu'il laisse à penser que nous partageons des émotions identiques. C'est d'ailleurs leur sociabilité et la richesse de leur palette émotionnelle qui nous donnent envie de les accueillir chez nous. Toutefois, ils ont souvent l'air si humains qu'il est facile de faire l'erreur de les traiter – et d'attendre qu'ils se comportent – comme des enfants.

En réalité, les chiens ont un cerveau beaucoup moins élaboré que le nôtre et, parce que leurs ancêtres ont évolué différemment de l'homme, ils ont d'autres motivations.

◁ **Bonne humeur contagieuse**
L'humeur d'un maître se reflète souvent chez son chien. À maître heureux, chien heureux.

▽ **Manque de logique**
Un chien regardera par terre en voyant une friandise posée sur une table – en attendant qu'elle passe à travers la table !

▷ Télépathe ?
Grâce à leurs sens très développés, les chiens savent que leur maître va se lever avant même que ce dernier ait pris la décision de le faire. Ainsi, beaucoup de maîtres prétendent que leur chien les comprend et sait exactement ce qu'ils pensent.

« Ce ne sont pas de petits **humains à fourrure** – leurs facultés de **pensée** et de **raisonnement** sont bien plus **réduites** que les nôtres. »

Que ressent-il ?

Les chiens éprouvent-ils de la culpabilité, des remords ou de la haine ? Malheureusement, nous n'avons aucun moyen de le savoir puisqu'aucune expérience scientifique n'a été menée dans ce sens. Nous pouvons néanmoins supposer que bien qu'ils éprouvent des émotions de base, ils sont incapables de les traiter comme nous. C'est pourquoi ils n'ont ni rancune ni désir de vengeance. Ils ne savent pas faire semblant, et s'ils semblent heureux de nous voir, c'est parce qu'ils le sont réellement. D'ailleurs, c'est leur incapacité à travestir leurs sentiments qui les rend si touchants.

Un cerveau différent

Bien que le cerveau canin ressemble au cerveau humain, il est plus petit et dépourvu de néocortex, la zone cérébrale responsable du langage articulé, du raisonnement et de toutes les fonctions supérieures propres à l'homme. Les chiens ont une bonne mémoire, mais leur capacité de raisonnement est assez limitée comparée à la nôtre. Ils perçoivent parfaitement notre langage corporel et nos mouvements, nos humeurs et nos mimiques faciales, mais la plupart ont vraiment du mal à apprendre les mots de notre langue. Pourquoi ? Parce qu'une grande partie de leur cerveau est consacrée au traitement de l'information reçue des cinq sens, dont l'odorat et l'ouïe *(p. 54-57)*, qui captent les données de l'environnement et ont aidé leurs ancêtres, les loups, à chasser avec succès.

Les chiens ne sont donc pas de petits humains à fourrure – leurs facultés de pensée et de raisonnement sont bien plus réduites et leur perception du monde différente. Nous devons donc avoir des attentes raisonnables à leur égard et ne pas leur en demander trop, notamment en matière d'éducation. Nous devons les aider s'ils ne comprennent pas ce que nous attendons d'eux et leur laisser le bénéfice du doute si nous avons du mal à distinguer le chien têtu de celui qui ne comprend pas ce qu'il doit faire.

▷ Lent à raisonner
Dans cette situation, la première réaction d'un chien est d'essayer de ramener la balle à travers la barrière. Alors qu'un homme trouverait plus facile de passer par-dessus la barrière.

Odorat et vue

Les chiens ont une expérience de la réalité très différente de la nôtre. Comprendre la façon dont ils perçoivent leur environnement nous aide à interpréter leur comportement et facilite leur éducation.

Comment sentent-ils?

Les chiens vivent dans un monde d'odeurs, alors que les humains ont une perception essentiellement visuelle. Nous voyons et, eux, sentent. Quelqu'un qui entre dans une pièce inconnue avec un chien va regarder autour de lui pour savoir ce qui s'y passe et pourrait s'y passer ultérieurement. Alors que le chien va flairer le sol et inspecter l'endroit pour recueillir des informations identiques.

« Nous le **voyons**, eux le **sentent**. »

Les chiens n'arrêtent pas de flairer, que ce soit une odeur dans l'herbe, un nouvel objet, la face ou l'arrière-train d'un congénère. C'est parce qu'ils détectent des odeurs que nous sommes incapables de percevoir. Le simple fait de renifler une touffe d'herbe les renseigne sur les congénères qui sont passés à cet endroit, il y a combien de temps, ainsi que sur leur âge, leur sexe et leur état de santé. C'est grâce à un épithélium nasal (muqueuse olfactive) incroyablement étendu qui recueille les molécules odorantes et transmet des messages au cerveau. De plus, la partie du cerveau responsable de la détection des odeurs est quatre fois plus grande et plus complexe que celle de l'homme.

Les chiens possèdent aussi ce qu'on appelle un organe voméronasal situé

△ **Collecte de données**
Ce Basset Hound utilise son nez pour recueillir des informations sur d'autres chiens du coin et reconnaître les amis, les ennemis et les partenaires sexuels potentiels.

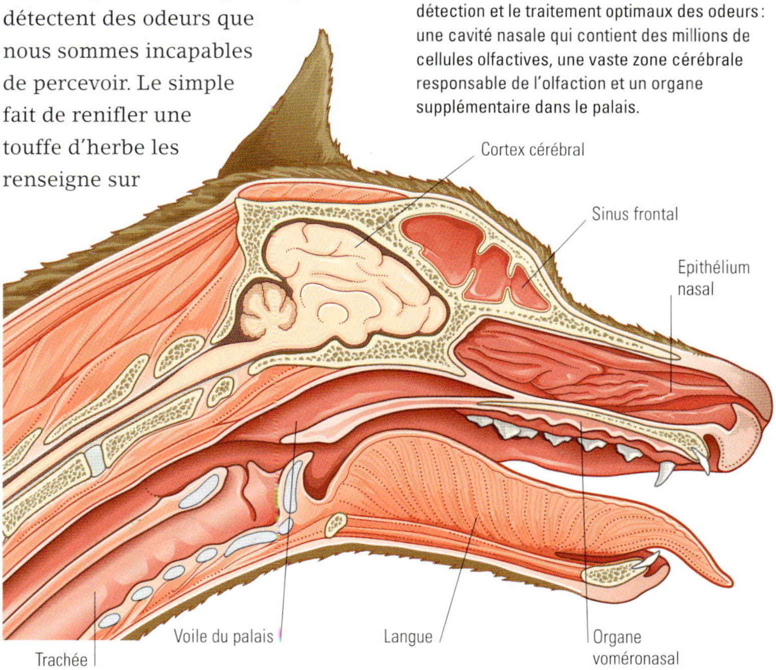

▽ **Un flair hors pair**
L'anatomie du chien est conçue pour la détection et le traitement optimaux des odeurs : une cavité nasale qui contient des millions de cellules olfactives, une vaste zone cérébrale responsable de l'olfaction et un organe supplémentaire dans le palais.

△ **Lutte contre la criminalité**
Les hommes exploitent depuis longtemps le flair du chien. Ici, un chien renifleur inspecte des colis à la recherche de substances illicites.

dans le palais qui leur permet de goûter et de sentir les odeurs sexuelles, notamment celles d'un partenaire potentiel.

L'homme a accentué le flair de certaines races – par exemple des chiens de chasse, dont les limiers, chargés de suivre le gibier à la trace – par l'élevage sélectif. Avec son flair exceptionnel, le Saint-Hubert est probablement le meilleur pisteur. Les chiens peuvent suivre à la trace les hommes et les animaux grâce à des indices olfactifs, par exemple les cellules mortes de la peau laissées sur leur passage. On les utilise aussi pour détecter des explosifs, des drogues, des substances alimentaires, des cadavres et même des cellules cancéreuses.

△ **La vision de l'homme**
L'homme voit bien les reliefs et les détails, et dispose d'une vision des couleurs beaucoup plus étendue que le chien.

△ **La vision du chien**
Le chien ne voit que certaines couleurs, et perçoit moins bien les reliefs et les détails. Mais sa vision nocturne est supérieure à la nôtre.

Comment voient-ils?

Le chien voit moins bien que l'homme. Bien qu'il ait une vision en couleur, il ne distingue que les bleus et les jaunes et est incapable de voir les rouges et les verts. C'est pourquoi il a du mal à voir une balle rouge sur du gazon et se sert de son flair pour la repérer.

De même, le chien ne voit pas aussi bien les détails et les reliefs que nous, mais sa vision est meilleure dans l'obscurité grâce au *tapetum lucidum*, un tapis réfléchissant situé derrière la rétine qui lui permet de capter un maximum de lumière quand la luminosité est faible – d'où ses yeux qui brillent dans le noir. Enfin, le chien détecte mieux les mouvements et de nombreuses races voient mieux de loin que nous.

▽ **Chasseurs à vue**
Certains chiens ont été sélectionnés pour chasser à vue. Ils détectent des cibles en mouvement et voient parfaitement de loin. Ce Lurcher balaie l'horizon à la recherche d'une proie.

Un odorat ultra-performant

Selon les estimations scientifiques, les chiens possèdent près de 220 millions de cellules olfactives, soit une surface comparable à celle d'un mouchoir, alors que l'homme n'en a que 5 millions, soit la taille d'un timbre-poste. Des expériences ont montré que les chiens pouvaient détecter une odeur humaine sur une lame de verre qui avait été légèrement manipulée même si elle était restée dehors pendant deux semaines ou à l'intérieur pendant un mois. Les chiens sont capables de détecter des odeurs à de très faibles concentrations et de suivre des traces laissées il y a plus de 300 heures. Le Saint-Hubert peut suivre une trace sur 210 km.

Ouïe, goût et perspective

Outre l'odorat et la vue, les chiens ont des capacités auditives et gustatives très différentes des nôtres. Et leur petite taille, comparée à celle de l'homme, leur donne une perspective tout autre également.

Comment entendent-ils ?

Les chiens ont une ouïe nettement plus développée que celle de l'homme et entendent des sons beaucoup plus éloignés – ils détectent des sons à peine audibles pour nous à une distance quatre fois supérieure. De plus, ils sont capables de percevoir de plus hautes fréquences, par exemple les couinements ultrasoniques émis par des petits rongeurs. Ils captent les fréquences comprises entre 40 et 60 000 hertz, alors que la gamme de fréquences audible par l'homme varie entre 20 et 20 000 hertz. C'est pourquoi ils réagissent à des sifflets pour chiens soi-disant « silencieux » – que nous n'entendons pas parce qu'ils dépassent notre gamme de fréquences. Les chiens sélectionnés pour la garde des troupeaux devaient avoir l'ouïe fine pour obéir à des ordres criés ou sifflés de loin. C'est pourquoi les chiens de berger actuels sont dotés d'une ouïe excellente et peuvent développer une phobie du bruit lorsqu'ils sont exposés à des bruits forts, par exemple des feux d'artifice.

◁ **Le son du silence**
Un sifflet pour chiens « silencieux » est un sifflet que le chien entend, mais que l'homme n'entend pas parce qu'il est incapable de détecter des fréquences aussi hautes.

Comment goûtent-ils ?

L'homme possède près de 9 000 bourgeons gustatifs dans la bouche, le chien moins de 2 000. Ses capacités gustatives sont donc moins développées que les nôtres. Pour un chien, l'odorat est plus important que le goût. Les bourgeons gustatifs de ce

« Pour les **chiots** et les **petits** chiens, l'homme doit avoir **l'air d'un géant.** »

carnivore ont une préférence innée pour la viande et les graisses et apprécient beaucoup moins le sucré et le salé, contrairement à nous.

Quelle perspective ont-ils?

Plus petits que nous, les chiens perçoivent leur environnement, que ce soit leur maison ou le quartier de la ville où ils habitent, sous un angle de vue différent. Pour vous mettre à la place de votre compagnon, mettez-vous à quatre pattes et vous verrez! Les voitures lui paraissent énormes et les camions des monstres rugissants qui émettent des gaz d'échappement à la hauteur de sa truffe. Nous ne faisons pas attention aux chiens quand nous marchons à travers les rues bondées des grandes villes d'un pas pressé, mais il est facile d'imaginer combien il doit être difficile pour eux de zigzaguer à travers une forêt de jambes en mouvement. Les chiots et les petits chiens doivent nous prendre pour des géants et peuvent avoir peur quand nous approchons notre main de leur face, surtout s'ils ne sont pas sûrs de nos intentions.

△ **Dans un monde de géants**
Pour les chiots et les petits chiens, l'homme est aussi grand qu'un autobus à deux niveaux. Ce « monde de géants » les intimide parfois.

△ **Une main menaçante**
Gardez toujours à l'esprit la façon dont un chien vous voit. De son point de vue, une main énorme qui s'approche de sa tête peut lui faire très peur.

Pas de mains, mais leur gueule

Les chiens n'ont pas de doigts agiles ni de pouces opposables. Comme ils sont à quatre pattes, ils doivent se servir de leur gueule pour manipuler des objets. Si vous observez des chiots, vous les voyez saisir les objets entre leurs mâchoires, mordiller et mâchouiller pour explorer leur environnement. Contrairement aux mâchoires de l'homme, celles du chien ne peuvent se mouvoir que vers le haut et le bas et non latéralement.

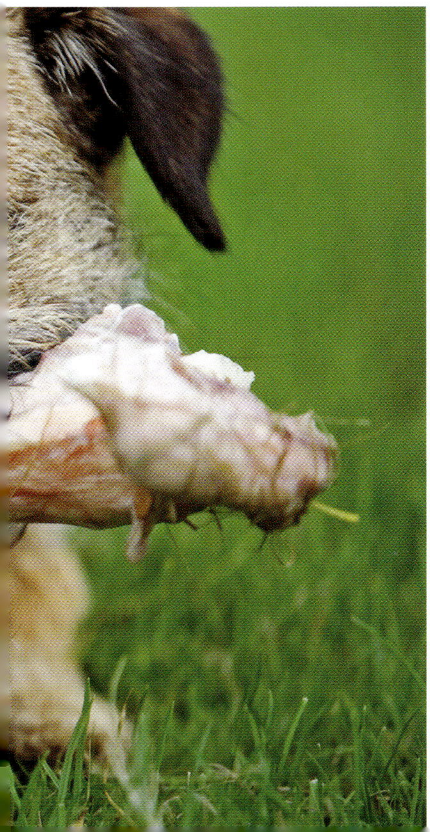

◁ **Un goût acquis**
Carnivores, les chiens ont appris, au fil de leur évolution, à apprécier la viande crue et la graisse qui recouvraient les os de leurs proies.

Sixième sens

Certaines facultés exceptionnelles du chien incitent les hommes à se demander s'il possède un sixième sens. Par exemple, il est prouvé que des chiens ont retrouvé le chemin de leur maison à des milliers de kilomètres et localisé leur maître dans des lieux où ils n'étaient jamais passés. Encore plus surprenante: la capacité de certains chiens à deviner quand leur maître va rentrer: ils vont attendre à la porte dès l'instant où leur propriétaire prend le chemin du retour. Peut-être les chiens ont-ils des facultés sensorielles que nous ignorons encore.

La communication **entre chiens**

Les chiens, dépourvus des structures cérébrales pour apprendre le langage verbal, communiquent à l'aide de postures et de signaux corporels. Étudions leurs diverses attitudes pour savoir ce qu'ils se disent.

Même s'il leur arrive de s'aboyer dessus, les chiens utilisent souvent la communication non vocale pour se comprendre en modifiant la position de leurs oreilles, de leur queue et de leur corps. Ces petits changements trahissent leurs sentiments du moment et prédisent leur comportement futur aux yeux de leurs congénères. Pour apprendre ce langage corporel, observez ce que les chiens font lorsqu'ils se rencontrent. Vous serez vite capable de deviner ce qu'ils vont faire.

« Leurs **changements** de posture reflètent leurs **humeurs**. »

△ **« Ne me fixe pas ! »** Ce Setter anglais tente de se rapprocher pour flairer son congénère, mais le regard assuré, dissuasif, du Golden Retriever l'incite à détourner poliment son regard.

▷ **« Va-t'en ! »** Ce Braque de Weimar joue d'une façon trop turbulente. Pour essayer de le calmer, le Labrador se couche par terre, reste immobile et ferme les yeux – un signal clair qui montre son désengagement.

Jouer à se battre
Ces deux chiens qui sont en train de jouer se connaissent bien. Bien qu'ils soient actifs, il n'y a aucun signe de tension sur leurs faces ou dans leurs corps. Et ils ne se fixent pas du regard. Ce serait le cas s'ils se battaient pour de vrai.

◁ **L'examen olfactif**
Les chiens se flairent pour faire connaissance. Ils se reniflent l'arrière-train, ce qui peut nous paraître répugnant, mais leur donne une foule de renseignements utiles sur leurs congénères.

▷ **« Joue avec moi ! »**
Le plus jeune chien a envie de jouer et déborde d'énergie. Mais le plus âgé ne veut pas. En dernier recours, le premier pose ses membres antérieurs sur le dos du second pour tenter de le faire réagir.

La communication **avec l'homme**

Les chiens essaient de communiquer avec nous à l'aide de signaux corporels, comme ils le font avec leurs congénères. Certains signaux sont faciles à reconnaître mais d'autres, moins clairs, risquent d'être mal interprétés.

Les chiens veulent nous dire des choses à travers leurs postures corporelles. Comprendre ces signaux nous permet d'y réagir de façon adéquate et d'aider l'animal si nécessaire. N'oublions pas que les chiens sont beaucoup plus vulnérables que nous dans leurs rapports aux humains, car ils ont moins de maîtrise sur les événements. Un bon maître est attentif aux réactions de son compagnon, il apprend à décoder ses signaux.

◁ Il se lèche le nez
Les chiens passent leur langue sur leur nez lorsqu'ils sont tendus. Celui-là est en retrait, semble inquiet et se lèche le nez quand on lui tient son collier.

▽ Il bâille
Le bâillement peut être un moyen de soulager ses tensions et indique généralement que le chien est anxieux. Celui-là se met à bâiller quand son maître le regarde fixement.

▽ Il est en confiance
Un corps relâché et une queue incurvée vers le haut signalent la confiance. Ce jeune chien est assuré, il se sent bien dans sa peau et son environnement. Sa démarche et la position de sa queue le prouvent.

△ Il détourne la tête
Ce chien n'est pas à l'aise et se sent prisonnier dans les bras de sa maîtresse. Il cherche une échappatoire en détournant la tête.

Il est content
Ce chien aime bien sa maîtresse et sait qu'elle ne lui fera pas de mal en s'approchant de lui. Il bouge la queue en signe d'excitation, baisse ses oreilles pour la saluer et lève les yeux vers elle d'un air détendu.

Le coup de langue sur le nez
Les chiens se lèchent le nez lorsqu'ils sont inquiets, angoissés ou ressentent une contrainte de la part de leur maître. Si vous apprenez à déchiffrer les signaux corporels de votre chien, vous le comprendrez mieux et serez un meilleur maître.

Communiquer avec son chien

Le chien comprend mieux nos gestes que notre langage. Pour éduquer votre compagnon, apprenez-lui d'abord des signaux gestuels que vous accompagnerez ensuite des signaux verbaux correspondants.

Les chiens nous observent plus qu'ils nous écoutent. Ils nous regardent à la recherche d'un signe qui laisserait deviner que nous sommes prêts à faire quelque chose d'intéressant. C'est pourquoi nous avons plus de chance de nous faire comprendre par le geste que par la parole. Certes, notre chien finit par apprendre les mots que nous lui répétons souvent, mais il aura appris bien avant les gestes qui accompagnent nos instructions, et c'est à cette gestuelle qu'il réagira en premier.

△ **Un signe de la main** Ce chien bien éduqué réagit au signe de la main de sa maîtresse. Si un signal verbal précède le signal gestuel, l'animal finira par réagir au seul signal verbal.

◁ **Assis !** « Assis ! » est souvent le seul signal verbal que les chiens apprennent. Quand sa maîtresse lui donne ce signal verbal, ce chien obéissant s'assied, même si elle ne lui envoie aucun signal corporel.

△ **Pointer du doigt**
Avec un peu de patience, les chiens finissent par comprendre qu'ils doivent aller dans la direction que leur maître leur indique en pointant l'index. Celui-là semble bien perplexe.

▽ **Un chien attentif**
Quand l'éducation positive porte ses fruits, un chien prête attention aux signaux de son maître pour savoir ce qui va se passer ensuite ou ce qu'on attend de lui. Avoir un chien qui comprend nos signaux rend la vie plus facile et beaucoup plus amusante.

△ **Les signaux corporels**
Ce chien bien éduqué répond avec plaisir au message que sa maîtresse lui envoie avec son corps pour lui demander de venir. Ce signal corporel nous paraît évident à nous, mais pas au chien, c'est pourquoi nous devons le lui enseigner patiemment.

« Les chiens nous **observent** plus qu'ils nous **écoutent**, **communiquer** avec **des mots** ne leur est **pas naturel**. »

Une relation gratifiante

Si vous voulez que votre chien soit bien équilibré, qu'il se comporte correctement et qu'il exploite tout son potentiel, vous devez établir avec lui une relation de qualité, fondée sur l'affection, la confiance et le respect.

Qu'est-ce qu'une bonne relation ?
Les chiens sont des animaux sociaux et, par conséquent, recherchent les liens sociaux. Une relation privilégiée avec au moins l'un des membres de leur famille humaine est essentielle pour qu'ils se sentent bien et se comportent correctement. Si cette relation est forte et solide, le chien sera équilibré, se comportera d'une manière acceptable pour tout le monde et saura mieux faire face au changement et à l'adversité.
Mais pour construire ce type de relation, vous devez lui montrer votre affection, faire preuve de gentillesse et être digne de confiance. Tous les chiens étant extrêmement sensibles à l'injustice, il est très important que vous soyez parfaitement juste dans tous vos échanges avec lui. Les méthodes d'éducation positive vous aideront à établir et maintenir une relation satisfaisante. Pourquoi ? Parce que le chien fait ce que vous lui demandez de son plein gré et non sous la contrainte. Vous devez passer

△ **Un lien solide**
Le bien-être de votre chien et votre bonheur à tous les deux reposent sur une relation étroite et forte. Mais il faut y consacrer beaucoup de temps et d'énergie.

△ **Établir la confiance**
La qualité des échanges vous permettra de manipuler facilement votre animal pour prendre soin de lui en toutes circonstances.

◁ **S'entraider**
De bons partenaires s'entraident. La confiance et le respect mutuel vous permettent de recourir moins souvent aux récompenses pour inciter votre chien à obéir à vos ordres – c'est de son plein gré qu'il vous obéira.

Méthodes d'éducation positive

L'éducation positive, dont les méthodes sont présentées dans ce livre, va renforcer la relation que vous entretenez avec votre chien, ce qui va vous rapprocher l'un de l'autre. Vous allez vous découvrir. Chacun va apprendre à connaître les qualités de l'autre, ce qui le frustre, ce qui lui fait plaisir et comment il peut le rendre heureux. À mesure que votre relation deviendra plus forte et plus solide, vous allez voir que votre chien fera davantage d'efforts pour vous faire plaisir et se sentira plus proche de vous. Des séances d'éducation régulières entrecoupées de parties de jeu feront de votre animal un compagnon bien élevé, obéissant et enthousiaste.

du temps avec lui, et ce régulièrement, pour qu'il se sente aimé, apprécié et entouré. Si vous êtes trop occupé pour répondre à ses besoins relationnels, il risque de se renfermer, de déprimer ou de manifester des comportements indésirables pour attirer votre attention.

« Les chiens ont besoin d'un **chef** à **respecter** et à **suivre.** »

Pas d'attitudes négatives

Vous pouvez avoir du mal à employer des méthodes positives pour éduquer votre chien et tisser des liens avec lui si vous avez été élevé par des parents qui avaient une attitude très négative à votre égard, car vous risquez de vous comporter de la même façon. Il n'est pas toujours facile d'éduquer un chien quand on est en colère ou stressé. Votre chien vous pardonnera si c'est occasionnel, mais évitez quand même les séances d'éducation quand vous êtes en proie à des sentiments négatifs. Une approche négative de l'éducation est source de ressentiment et de peur.

Soyez le chef de meute

L'élevage sélectif a toujours cherché à obtenir des chiens sociables et obéissants. Les chiens, dont les ancêtres vivaient en meutes, ont besoin d'un chef à respecter et à suivre et, si ce n'est pas le cas, peuvent devenir indisciplinés et difficiles à éduquer, comme les enfants. Il faut leur apprendre à se comporter correctement et leur fixer des limites pour qu'ils comprennent ce qui est acceptable et ce qui ne l'est pas.

Pour être un leader efficace, vous devez être gentil et encourageant la plupart du temps mais, si nécessaire, savoir aussi être ferme et catégorique. Votre chien doit voir que vous êtes le chef parce que vous prenez de bonnes décisions et êtes capable de le protéger, lui et vos proches. Bien sûr, rien ne vous empêche de lui imposer votre volonté, mais sachez alors que vous lui inspirerez de la crainte et qu'il ne vous considérera pas comme un bon chef. Vous devez mériter le respect de votre chien par vos actions et vos décisions quotidiennes. Telle est la clé d'une relation gratifiante des deux côtés

▷ **Le respect**
Si vous voulez que votre chien vous considère comme un bon chef et fasse ce que vous lui demandez sans se poser de question, vous devez mériter son respect.

Les chiens et les enfants

Les chiens et les enfants partagent le goût du jeu et l'amour de la vie. Ils peuvent vraiment s'entendre à merveille, à condition qu'un adulte soit présent pour veiller à ce qu'ils se comportent comme il faut ensemble.

Montrez l'exemple

Les chiens sont de formidables animaux de compagnie pour les enfants, à condition qu'un adulte soit toujours là pour veiller à ce que tout se passe bien entre eux. En effet, ils risquent de prendre vite de mauvaises habitudes, sans compter que les laisser seuls ensemble est la porte ouverte à toutes sortes de dérives comportementales. Heureusement, les enfants apprennent rapidement. Il est assez facile de leur apprendre à bien se comporter avec leur chien s'ils veulent développer une relation harmonieuse avec lui.

Les enfants apprennent aussi en observant. Ils vont être attentifs à la façon dont leurs parents se comportent avec le chien et les imiter. C'est donc à vous de leur montrer l'exemple.

Les enfants adorent se dépenser et s'amuser, ce qui stimule un chien correctement socialisé qui ne demande que ça ! Ils font de très bons éducateurs, à condition qu'on leur montre comment s'y prendre. Leur enthousiasme est contagieux, mais

△ **Un jeune éducateur**
Les enfants peuvent être des éducateurs compétents et enthousiastes si l'adulte leur dit comment s'y prendre, les guide et les soutient.

◁ **Un vrai membre de la famille**
Les enfants qui sont élevés avec un chien sont plus susceptibles d'avoir un chien à l'âge adulte, surtout s'ils en gardent un bon souvenir.

▽ **Un accueil chaleureux**
Le chiot doit être socialisé de bonne heure pour apprécier les enfants et ne pas les craindre à l'âge adulte. Ce chien semble adorer le contact !

△ **En présence d'un adulte**
Vous devez superviser les parties de jeu pour veiller à ce que vos enfants et votre chien passent un bon moment et apprennent à se comporter correctement ensemble.

◁ **Un nouveau venu**
En général, le chien accueille sans problème la venue d'un nouveau membre de la famille. Mais vous devez le préparer à cette arrivée durant la grossesse. Et une fois que l'enfant est là, montrez à votre chien que vous l'aimez toujours autant pour qu'il ne se sente pas délaissé.

comme ils deviennent vite frustrés et impatients si leurs tentatives restent infructueuses, il est important qu'ils aient un minimum de résultats assez rapidement. Vous devez absolument surveiller ces séances d'éducation pour pouvoir intervenir rapidement, si nécessaire.

Jouer en toute sécurité

En jouant, les enfants peuvent faire du mal sans le vouloir ou, ce qui est plus rare, volontairement s'ils ont été eux-mêmes maltraités. Selon les statistiques, un chien qui veut mordre est plus susceptible de mordre les petits garçons de la famille. Pour éviter les débordements qui risqueraient de contraindre l'animal à riposter pour se défendre, tous les échanges entre les enfants et le chien doivent être supervisés par un adulte.

Un chien adulte acceptera facilement des enfants avec lesquels il a eu des expériences positives durant son enfance *(p. 92-93)*. Les chiots de moins de 12 mois doivent rencontrer des enfants de tous âges, et notamment des tout-petits, pour ne pas en avoir peur à l'âge adulte.

Les chiens et les bébés

En général, le chien accepte facilement la venue d'un bébé au sein de sa « meute » humaine. Néanmoins, durant la grossesse, il est sage d'adapter ses habitudes quotidiennes et son environnement social aux conditions qui l'attendent. Vous pouvez lui passer des enregistrements de cris de nouveaux-nés et l'habituer aux différentes odeurs associées aux bébés. Mais aussi lui apprendre à aller dans son couchage *(p. 182-183)*, ce qui vous permettra de vous occuper tranquillement du nouveau-né sans l'avoir constamment dans vos jambes.

« Les **enfants** peuvent faire de très **bons éducateurs** si on leur montre **comment** faire. »

Les tout-petits

Les problèmes commencent à se poser quand votre bébé commence à ramper pour explorer les alentours. Il risque alors de tomber sur le chien ou de s'accrocher à lui. L'animal, qui ne peut pas l'empêcher de s'approcher, doit apprendre à s'écarter du chemin et à se replier dans sa « zone de refuge ». Avec leurs grands yeux à hauteur de ceux du chien, leur démarche mal assurée, leurs cris aigus et leurs doigts qui pincent, les petits peuvent paraître menaçants. Il faut être vigilant jusqu'à ce que le chien et l'enfant soient habitués l'un à l'autre.

Côtoyer d'autres animaux

Les chiens habitués jeunes à d'autres animaux les tolèrent bien et peuvent se montrer gentils à leur égard. Mais il faut faire attention avec les petits animaux, de nombreux chiens ayant gardé un fort atavisme de chasseur.

Les chiens adultes vont essayer d'être gentils avec les animaux qu'ils ont côtoyés avant l'âge de 12 semaines. Passé ce délai, le chien devient moins sociable et risque d'être méfiant ou carrément effrayé face à des animaux qu'il n'a jamais rencontrés.

Si un chiot est amené à être en contact avec d'autres espèces, il est essentiel qu'il les rencontre le plus tôt possible, si vous voulez qu'il soit détendu et heureux en leur compagnie. Au cours de ses premières entrevues, il est important que le chiot vive une expérience positive, car si l'animal en face de lui est agressif, il risque d'avoir peur et de devenir lui-même agressif.

△ **Un point de vue surélevé**
Le chat se sent plus en sécurité en hauteur. Aménagez-lui des endroits sûrs dans la maison et vous verrez qu'il sympathisera plus vite avec votre chien.

Son instinct prédateur

Les chiens ont besoin non seulement d'une socialisation précoce, mais d'une surveillance continue en présence de petits animaux pour éviter tout comportement prédateur.

Descendant du loup, le chien a conservé de nombreux traits comportementaux utiles pour la chasse *(p. 18-19)*. Mais certaines races ont gardé un atavisme plus fort que d'autres. Les chiens descendants des Terriers sélectionnés pour tuer

△ **Une entrevue sécurisée**
La prudence s'impose avec des animaux de petite taille, comme ce lapin, car les chiens ont gardé un fort atavisme de chasseur. Il ne faut jamais leur faire totalement confiance…

« **Les instincts** du chien ne doivent **jamais** être sous-estimés, notamment en présence d'animaux **vulnérables** par leur petite taille. »

▷ **Rencontre sous haute surveillance**
Prenez le temps d'habituer votre chiot aux animaux de la ferme, dont les volailles, en toute sécurité. Il ne sera plus excité quand il en verra à l'âge adulte.

△ **Le tenir en laisse**
Gardez votre chien en laisse à proximité du bétail ou des chevaux pour l'empêcher d'avoir l'envie soudaine de les prendre en chasse – ou d'être pourchassé et blessé par eux.

les nuisibles ou de chiens de berger, sélectionnés pour pourchasser sont plus dangereux pour d'autres espèces que ceux issus de chiens de compagnie.

Il faut être vigilant avec les petits animaux domestiques tels les hamsters, les lapins et les oiseaux. Un chien placide peut soudain devenir un prédateur redoutable à la vue de petites créatures qui se faufilent entre ses pattes ou s'envolent brusquement. Les instincts sont forts et ne doivent jamais être sous-estimés, surtout en présence d'animaux vulnérables par leur petite taille.

Courir après ce qui bouge

Certains animaux risquent plus d'être pourchassés que tués, mais ce comportement peut être dangereux. Le cheval, par exemple, est un grand animal que le chien peut vouloir faire fuir s'il ne le connaît pas. Tous les animaux de la ferme constituent des cibles potentielles pour un chien inexpérimenté et non éduqué.
Un chien qui échappe au contrôle de son maître et se met à courir derrière une cible mobile risque de provoquer des accidents de la circulation, de causer des dommages aux biens d'autrui, de blesser d'autres animaux et de se blesser lui-même. Vous devez donc tout faire pour éviter ce type de comportement, en habituant votre chiot aux différents animaux domestiques dès son plus jeune âge. Asseyez-vous avec lui dans un endroit où il peut se familiariser avec d'autres espèces, de loin et en toute sécurité, pour lui apprendre à se détendre et à bien se comporter avec elles.

Ce processus est souvent plus long avec les chiens adultes, mais c'est à vous de passer suffisamment de temps avec votre animal pour lui apprendre à accepter d'autres espèces.

Chiens et chats

Des chiens et des chats qui grandissent ensemble peuvent apprendre à se tolérer, voire à s'apprécier. En revanche, si votre chien n'a jamais cohabité avec ni l'un ni l'autre, il peut se montrer agressif et tenter de le chasser de la maison. Laissez-leur du temps et de l'espace pour qu'ils trouvent leurs marques et ne les forcez pas à se rencontrer. Le moment viendra où ils se seront prêts à sympathiser.

Comprendre ses besoins

Pour être un **bon maître**, vous devez apprendre à savoir ce dont votre chien **a besoin** pour être **épanoui**. Si vous êtes capable de **répondre à ses besoins**, vous en ferez un chien **heureux** et donc **facile à vivre**. Il doit se sentir en **sécurité** dans son environnement pour **être détendu** et **ne pas avoir** à manifester un **comportement défensif**. Nourrissez-le correctement et donnez-lui de fréquentes occasions de **jouer** et de faire de **l'exercice** pour contribuer à sa **santé** et à son **bien-être**. Apprenez à le manipuler et à le toiletter. Enfin, ce chapitre vous permettra de vous faire une **opinion** sur la question délicate de la **reproduction** et de la **stérilisation**.

LES SOINS DU POIL
Vous devez entretenir régulièrement son poil pour le maintenir en bon état et éviter les nœuds.

Assurer **sa sécurité**

Les chiens ont besoin de nous pour les aider à se sentir en sécurité, mais aussi pour éviter les comportements indésirables qu'ils peuvent manifester pour se défendre contre des menaces réelles ou perçues.

L'importance de la sécurité

Dans notre monde, les humains décident et les chiens suivent. Mais parce qu'ils sont incapables de parler notre langue, nos compagnons ne peuvent pas nous demander de l'aide ou nous faire part de leur peur ou de leur anxiété.

Quand un chien se sent menacé et effrayé, sa peur se lit à la posture de son corps. Si le maître ne voit pas ce signal ou ne sait pas comment l'interpréter, le chien va continuer à avoir peur et, s'il se sent vraiment menacé, peut essayer de se défendre. Les maîtres considèrent souvent les grognements et les coups de dents comme inacceptables et punissent leur chien. Or, la punition ne peut que dérouter l'animal et le rendre encore plus anxieux.

> « Si un chien a **peur**, il ne pense à **rien d'autre** qu'à retrouver sa **sécurité**. »

La sécurité est d'une extrême importance chez les chiens ; un chien qui a peur ne pense à rien d'autre qu'à retrouver son sentiment de

▽ **La fuite**
Quand ils en ont la possibilité, les chiens préfèrent fuir la menace. Ce chien a rabattu ses oreilles en arrière et s'éloigne d'un air tendu.

sécurité. Il ne pourra donc pas manger, jouer ou se concentrer.

Quelles réactions?
Un chien qui se sent menacé a quatre réactions possibles:
- s'immobiliser – rester totalement immobile, « faire le mort », pour qu'on le laisse tranquille;
- émettre des signaux d'apaisement, tenter de montrer à l'autre, plus grand ou plus fort, qu'il ne lui veut pas de mal;
- fuir – courir pour échapper au danger;
- lutter – attaquer l'autre pour éliminer la menace.

Aidez votre chien à se sentir en sécurité
Veillez à ce que votre chien soit à l'aise avec tout ce qu'il peut rencontrer au sein de son environnement. Une bonne socialisation durant l'enfance *(p. 92-93)* donne des chiens équilibrés qui considèrent le monde extérieur comme un endroit sûr.

Une bonne relation avec le maître est essentielle pour que le chien se sente en sécurité. S'il fait confiance à son maître, il sera plus enclin à faire confiance à d'autres humains. Une éducation positive renforce ce sentiment de confiance et de sécurité. Évitez-lui aussi les mauvaises expériences.

Si le chien a été mal socialisé ou socialisé trop tard, ou s'il a vécu des expériences négatives qui continuent de le traumatiser, son propriétaire doit apprendre à déchiffrer son langage corporel *(p. 60-61)* et le tenir à l'écart de toute situation anxiogène. Il doit aussi le désensibiliser à tout ce qui lui fait peur et utiliser les jouets et les récompenses pour remplacer ses sentiments négatifs par des expériences positives.

Si vous possédez un chien agressif ou qui risque de le devenir, demandez l'aide d'un comportementaliste compétent *(p. 254)*, qui posera un diagnostic précis et vous conseillera un traitement pour changer le comportement de votre animal.

▷ **L'apaisement**
Ce chien adopte la posture de soumission face à un étranger. Les chiots et les chiens doux utilisent souvent cette stratégie.

▽ **La menace d'attaque**
Pupilles dilatées, oreilles rabattues et crocs découverts, ce chien tente d'intimider un étranger.

◁ **Le protéger**
Exposez votre chiot à de nouvelles expériences, mais en douceur, en restant à ses côtés. Cette propriétaire encourage son chiot à s'habituer à la circulation routière pour susciter chez lui une attitude positive.

L'attaque

Les chiens utilisent l'attaque en dernier recours. S'ils sont acculés ou tenus en laisse, ils ne peuvent pas fuir alors ils attaquent. En général, ils commencent par grogner, aboyer et donner des coups de dents en l'air en faisant semblant d'attaquer pour intimider l'adversaire et essayer de repousser la menace. Si la menace apparaît trop soudainement, ils peuvent mordre immédiatement. La morsure est généralement la dernière option quand tout le reste a échoué. Mais, après avoir mordu, l'animal a tendance à être en détresse au lieu de se sentir soulagé. Il attend plutôt que son maître l'aide à trouver une solution pacifique à son problème.

Lui faire faire de l'exercice

Un chien qui a la possibilité de se dépenser physiquement est calme et facile à vivre. En revanche, un chien qui reste confiné et ne fait pas assez d'exercice devient vite turbulent et difficile.

Exploiter son énergie

Les chiens ont hérité de leurs ascendants et de leurs ancêtres sauvages, les loups, des gènes qui leur donnent le désir de courir et d'être actifs. En effet, le loup doit entretenir sa forme physique pour chasser. Ce besoin d'activité a été renforcé par l'élevage sélectif en vue de produire des races canines suffisamment dynamiques et endurantes pour le travail, quel qu'il soit.

Aujourd'hui, de nombreux maîtres ne peuvent pas consacrer beaucoup de temps à leur chien. De plus, la plupart des chiens ne sont plus

△ **Rapporter un jouet**
Apprendre à un chiot à rapporter des jouets lui permettra, plus tard, de dépenser son énergie rapidement et facilement.

▷ **Marcher**
La marche est une activité indispensable. Elle allie exercice physique et stimulation mentale pour le chien comme pour son maître.

utilisés pour accomplir des tâches. Résultat : nos compagnons ont un trop-plein d'énergie, notamment les descendants de chiens de travail.

> « Si vous ne passez **pas beaucoup** de temps au **quotidien** avec votre chien, mettez à profit **chaque instant.** »

△ **Courir à l'air libre**
Le chien a besoin de courir pour dépenser son trop-plein d'énergie. C'est bon pour sa santé et, quand il rentrera chez lui, il sera plus agréable à vivre.

Les individus qui ne se dépensent pas assez cherchent un exutoire à leur énergie débordante et développent souvent des troubles comportementaux. Ils mâchouillent tout ce qui traîne, pourchassent des intrus imaginaires à chaque fois qu'ils entendent un bruit, chapardent de la nourriture, poussent des plaintes déchirantes et fuguent pour se distraire. Ils sautent sur les gens, sont turbulents et maladroits, ont du mal à se concentrer pendant leurs séances d'éducation. Si vous ne pouvez pas passer beaucoup de temps au quotidien avec votre chien, mettez à profit chaque instant. Les chiens ont besoin d'exercice physique et de stimulation mentale. L'exercice doit se faire à l'air libre sous forme de course, de jeu et de longues marches pour accroître l'endurance. Apprenez à votre chien à obéir au rappel *(p. 124-125)* et à rapporter ce que vous lui lancez *(p. 136-141)* pour pouvoir le contrôler sans laisse. Des séances de jeu entrecoupées de marche et de course sont idéales.

△ **Leçons régulières**
Apprenez à votre chien de nouveaux exercices pour stimuler son esprit et le faire participer aux tâches quotidiennes.

Quelle quantité d'exercice ?

Elle dépend de l'animal et de ses besoins. Deux promenades par jour d'une heure environ chacune suffisent à un jeune chien de travail en bonne santé, mais les chiens plus âgés et ceux dont les ancêtres ne travaillaient pas n'ont pas besoin d'autant d'exercice. Votre animal a aussi besoin de stimulation mentale sous forme de jeu et d'apprentissage. Prenez le temps de lui apprendre différents jeux, par exemple la chasse au trésor *(p. 172-173)* où il doit trouver des objets cachés dans des boîtes ou des coins de la maison. Enfin, apprenez-lui à effectuer différentes tâches dans la maison *(p. 160-185)* pour l'occuper et le faire participer activement à la vie du foyer. C'est une bonne fatigue !

Les chiots

Les chiots ont des os et des articulations encore fragiles qui ne leur permettent pas de faire beaucoup d'exercice. Faites-les jouer et laissez-les courir – pas trop longtemps, mais souvent – pour qu'ils dépensent leur énergie. Les chiots ont souvent « cinq minutes de folie » où ils courent en tous sens, la queue repliée sous le corps.

Bien le **nourrir**

L'alimentation du chien est importante pour sa santé physique et mentale, ses défenses immunitaires, son bien-être et son comportement.

De quoi son organisme a-t-il besoin ?
Comme les humains, les chiens ont besoin d'aliments qui leur fournissent de l'énergie et des nutriments. Une alimentation équilibrée doit comprendre :

- des lipides ;
- des protéines ;
- des glucides ;
- des minéraux ;
- des vitamines ;
- de l'eau.

Chaque ration doit être composée de manière à respecter l'équilibre nutritionnel en lipides et en protéines, en acides aminés essentiels (dix au total), en acides gras essentiels, en vitamines et en minéraux. Une ration ménagère (une nourriture « maison ») peut couvrir tous ces besoins, mais beaucoup de maîtres se simplifient la vie en achetant des aliments complets tout préparés qui apportent l'ensemble des éléments nutritifs indispensables. Malheureusement, ces produits contiennent souvent des conservateurs, colorants et exhausteurs de goût. De plus, ils sont précuits avant d'être emballés, ce qui détruit une partie des nutriments. Mais ils sont très pratiques...

Certains propriétaires préfèrent donner à leur chien une alimentation plus saine et plus naturelle constituée de viande crue, d'os, de légumes mixés et de compléments alimentaires. Mais il faut avoir le temps de la préparer et l'équilibre nutritionnel parfait est difficile à atteindre.

▷ **La santé dans l'assiette**
Ce que vous donnez à manger à votre chien influence sa santé, sa longévité et son comportement. Alors apportez-lui, chaque jour, une alimentation équilibrée.

« **Modifiez** son alimentation progressivement pour lui **éviter** des **troubles digestifs**. »

Différents types d'aliments préparés

La diversité des aliments pour chiens s'est considérablement étendue au cours des dernières décennies. Non seulement vous pouvez choisir entre les aliments « complets » secs, humides ou semi-humides, mais vous disposez aussi d'aliments « naturels » ou bio, d'aliments diététiques et de mélanges adaptés aux besoins nutritionnels de chaque âge ou période de la vie (chiots, chiens seniors, chiennes allaitantes...). Certains maîtres optent pour un régime à base d'os et de nourriture crue (qu'on appelle aussi « nourriture crue biologiquement appropriée »), soi-disant meilleur pour la santé du chien. Mais les rations ménagères doivent être parfaitement équilibrées, ce qui n'est pas toujours le cas.

Croquettes complètes

Aliments en sachet

Croquettes « seniors »

Aliments en conserve

Régime « os et nourriture crue »

Croquettes « chiots »

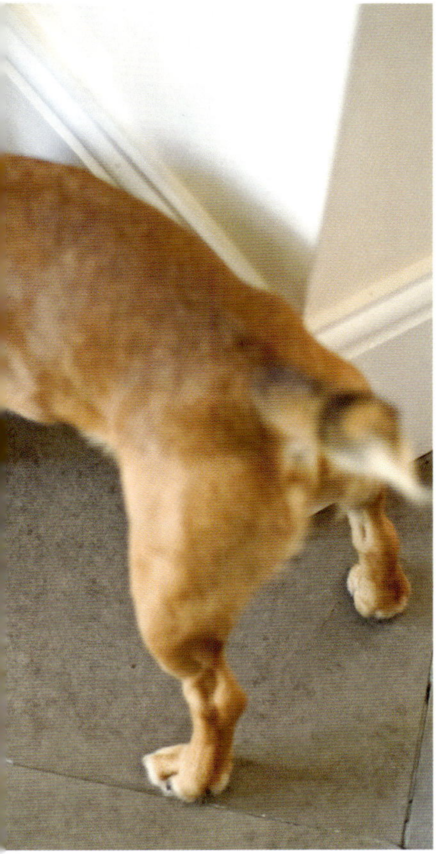

Des os à mâcher

Les chiots mâchonnent pour faire leurs dents. S'ils en ont la possibilité, les chiens adultes continuent de mâchouiller toute leur vie pour garder leurs mâchoires et leurs dents en bonne santé. Certaines vétérinaires déconseillent les os, à l'origine de troubles intestinaux. Si vous donnez des os à votre chien, veillez à ce qu'ils soient crus (les cuits risquent de se briser) et ne le laissez pas les ronger trop longtemps. Vous trouverez dans les animaleries toutes sortes d'os (notamment en peau de buffle), de friandises et de jouets à mâcher *(p. 94-95)*.

Nutrition et comportement

Il n'existe pas beaucoup d'études scientifiques sur les effets de l'alimentation sur le comportement. Une alimentation adaptée à un chien peut ne pas convenir à un autre et entraîner chez ce dernier des troubles du comportement. Outre une thérapie comportementale, on peut essayer de modifier l'alimentation de l'animal pour voir s'il y a une amélioration. Si votre chien manifeste un comportement indésirable une demi-heure après chaque repas, il peut être allergique à un aliment. Demandez conseil à votre vétérinaire et modifiez progressivement son alimentation pour éviter les troubles digestifs.

Quelle ration lui donner ?

Les rations doivent être adaptées à la situation et à l'activité du chien. Par exemple, une chienne en lactation utilise beaucoup d'énergie pour nourrir ses chiots, un chien de travail pour fournir des efforts physiques tout au long de la journée, un chien dehors en plein hiver pour maintenir sa température corporelle. En revanche, un chien castré a besoin de moins d'énergie qu'un chien entier. Par conséquent, n'hésitez pas à modifier la ration pour préserver un poids idéal *(voir schéma ci-dessous)*. Si vous multipliez les séances d'éducation, diminuez sa ration journalière de manière à intégrer des friandises pour le récompenser.

▷ **Ne le suralimentez pas**
Vous l'exposeriez à des problèmes de santé et l'effort physique le fatiguerait plus. Adaptez sa ration journalière à ses besoins.

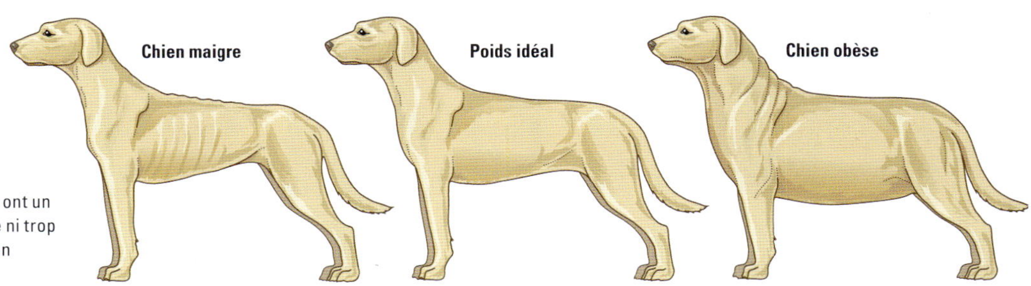

▷ **Le poids idéal**
Comme les humains, les chiens ont un poids optimal et ne doivent être ni trop gros ni trop maigres pour être en bonne santé.

Le faire jouer

Chez les chiots qui vivent à l'état sauvage, le jeu est une préparation aux comportements prédateurs dont ils auront besoin plus tard pour assurer leur survie. Les chiens domestiques jouent tout au long de leur vie et leur comportement de jeu intègre de nombreux aspects d'une partie de chasse.

Un comportement spontané

Les petits des loups et des chiens domestiques commencent à jouer à différents jeux de combat et de poursuite dès que leur coordination motrice est suffisante. Cela développe leur corps et leur permet de pratiquer tous les mouvements dont ils auront besoin pour chasser. Bien que nos chiens domestiques n'aient pas besoin de chasser pour se nourrir, ils conservent souvent leurs instincts prédateurs et les chiots cherchent spontanément un dérivatif à ce comportement naturel. C'est pourquoi ils suivent, traquent et pourchassent des cibles mobiles avant de bondir dessus. En jouant, ils perfectionnent peu à peu leurs techniques.

◁ **L'excitation de la poursuite**
Les chiens de berger adorent la poursuite… Jouez fréquemment avec votre chien pour qu'il dépense son énergie, mais organisez des séances courtes pour ne pas l'épuiser.

Les types de jeux

On observe trois types de jeux chez les chiens : les jeux de poursuite, les jeux de combat ludiques (le tir à la corde, par exemple) et les jeux avec des jouets qui font du bruit.

La poursuite est le jeu le plus répandu. Apprendre à son chien à rapporter un jouet *(p. 138-139)* est un

« **Le jeu fortifie** leur corps et leur permet de pratiquer tous les **mouvements** dont **ils auront besoin** pour **chasser.** »

◁ **Le tir à la corde**
Les jeux de combat amusent beaucoup les Terriers et les chiens naturellement bagarreurs, mais ils doivent obéir à des règles strictes pour ne pas dégénérer.

▽ **Un jouet, oui, mais qui bouge**
Certaines races, dont les chiens courants, ne sont pas très intéressées par les jouets. Il faut faire bouger le jouet, comme une petite proie, pour éveiller leur intérêt.

bon moyen de lui faire faire de l'exercice tout en s'économisant soi-même. Certaines races aiment davantage les jeux de poursuite que d'autres, en particulier les chiens de berger, sélectionnés pour la poursuite, et les chiens de chasse, notamment les leveurs et rapporteurs de gibier.

Si votre chien est joueur, veillez à ne pas le faire trop courir par temps très chaud. Organisez des parties de jeu courtes et répétées entrecoupées de pauses suffisantes.

Le combat ludique est très apprécié des Terriers et autres races au caractère affirmé. Ces chiens vont tout faire pour jouer au tir à la corde, n'hésitant pas à tirer sur la manche de leur maître ou leur laisse. Comme il s'agit d'un jeu assez violent et impliquant un contact étroit avec le chien, vous devez établir les règles :

- n'autorisez que les jouets – ne laissez jamais votre chien tirer sur vos manches ou le bas de votre pantalon ;
- votre chien doit s'arrêter de tirer dès que vous lui en donnez l'ordre ;

◁ **Un bon moyen de faire de l'exercice**
Les chiens qui aiment jouer avec des jouets font plus facilement de l'exercice, surtout s'ils apprennent à rapporter le jouet après la poursuite.

△ **L'instinct du tueur**
Les jouets sonores excitent les chiens dotés d'un fort instinct prédateur qui prennent plaisir à les « tuer ». Mais un jouet qui ne fait plus de bruit devient vite inintéressant.

- vous devez plus souvent gagner que perdre face à votre chien ;
- vous devez stopper immédiatement le jeu dès qu'il y a contact entre ses dents et votre peau ;
- rangez le jouet en fin de partie.

Les jeux avec des jouets qui font du bruit sont la coqueluche des chiens dotés d'un fort atavisme de chasseur, dont les Terriers. En effet, ils assimilent le bruit du jouet avec le cri d'une proie blessée. Aussi révoltant que cela puisse vous paraître, c'est juste un jeu pour votre chien. Certains chiens gardent longtemps leur jouet intact, d'autres le détruisent rapidement et, puisqu'il ne fait plus de bruit, s'en désintéressent.

Il n'aime pas les jouets
Tous les chiens n'aiment pas les jouets et certains préfèrent pourchasser des animaux en chair et en os ! C'est le cas des chiens courants. Il est difficile de les amuser avec des jouets à l'âge adulte, sauf si le jouet se déplace comme une petite proie. Soyez patient ou trouvez d'autres jeux pour les distraire.

Emportez des jouets en promenade

Si votre chien aime la poursuite, n'oubliez jamais d'emporter des jouets en promenade pour jouer avec lui. S'il est occupé à jouer avec vous, il risquera moins de vous échapper pour courir après des congénères, des joggeurs, des cyclistes, des voitures ou du bétail. De plus, si vous avez toujours des jouets sur vous, vous ne serez pas tenté de lui lancer des bouts de bois. Des vétérinaires ont vu des chiens blessés à la bouche parce que le bâton s'était planté dans la terre.

Chien heureux, maître heureux
Veillez à répondre aux besoins de votre chien, notamment en le nourrissant correctement et en lui faisant faire de l'exercice, pour l'éduquer plus facilement et, surtout, le rendre heureux et agréable à vivre.

Lui apprendre les règles du jeu

On peut apprendre à jouer à un chien adulte, à condition d'être patient et persévérant. Quand il commence à manipuler des jouets, enseignez-lui les règles de bonne conduite pour éviter les accidents causés par une surexcitation.

Lui apprendre à jouer

La plupart des chiens sont prêts à jouer, mais certains n'ont pas joué avec leur maître lorsqu'ils étaient chiots et ne savent pas comment manipuler les jouets. D'autres ont été réprimandés quand ils ramassaient des objets et peuvent donc hésiter à saisir des jouets.

Pour jouer avec votre chien, choisissez un moment où il est déjà excité. Prenez une petite peluche et faites-la bouger sur le sol dans tous les sens, tantôt en la faisant disparaître derrière un meuble, tantôt en la faisant réapparaître soudainement pour éveiller l'intérêt de votre chien. Lorsqu'il s'avance, intrigué, poussez rapidement la peluche vers lui, puis reprenez-la pour lui faire envie. Lorsqu'il s'en approche pour la deuxième ou la troisième fois, laissez-le la saisir et jouer avec pendant quelques secondes avant de la lui reprendre à nouveau. Répétez le procédé jusqu'à ce que votre chien se mette à remuer la queue et à anticiper le jeu à chaque fois qu'il voit le jouet. Les leçons doivent être courtes. Si vous avez du mal à susciter son intérêt, tentez-le en cachant des friandises dans le jouet. Laissez-le renifler le jouet avant de lui saisir et de le lancer plus loin. Dès que votre chien va le chercher, encouragez-le à le ramasser et, si nécessaire, aidez-le à sortir les friandises et félicitez-le.

△ **Les jouets fourrés**
Encouragez un chien réticent à s'intéresser à un jouet en cachant des friandises à l'intérieur. Il va courir après le jouet pour atteindre les friandises et comprendre que le jeu est amusant.

> « Quand votre chien **s'amuse** comme un fou, **commencez** à lui enseigner les **bonnes manières.** »

Les bonnes manières

Quand votre chien s'amuse comme un fou, commencez à lui enseigner les bonnes manières. Vu que vos mesures de contrôle réduiront son enthousiasme, attendez qu'il soit vraiment à fond dans son jeu pour y ajouter des règles.

Les trois grandes règles:

• asseyez-vous, le jouet dans la main, et attendez quelques instants avant de montrer à votre chien que vous êtes prêt à jouer avec lui;

◁ **Les chiots et le jeu**
Les chiots jouent facilement et préfèrent les jouets mous, notamment quand ils font leurs dents.

△ **Il y prend goût**
Un chien adulte peut mettre du temps à aimer jouer, mais une fois qu'il y a pris goût et connaît les règles du jeu, il voudra jouer souvent.

△ **Garder le contrôle**
Vous devez apprendre à votre chien à arrêter de jouer et à lâcher le jouet dès que vous lui en donnez l'ordre pour l'empêcher de devenir surexcité et de perdre le contrôle de lui-même.

• veillez à ce que ses dents restent à l'écart de vos mains tout au long de la partie ;
• cessez le jeu dès que vous dites à votre chien que c'est fini.

Si vous lui apprenez à respecter ces trois règles, vous le garderez sous contrôle et éviterez que le jeu dégénère. Pour lui apprendre à ne pas mettre ses dents en contact avec votre corps ou votre visage, stoppez le jeu et éloignez-vous dès que ses dents vous touchent – il saura qu'il doit faire plus attention la prochaine fois. Pour lui apprendre à cesser le jeu sur commande, demandez-lui d'arrêter et retirez-lui le jouet de la bouche en lui offrant une friandise à la place. Félicitez-le s'il laisse tomber le jouet, puis décidez si vous voulez reprendre la partie. S'il refuse de lâcher le jouet, restez calme et attendez qu'il s'exécute. Récompensez-le avec enthousiasme quand il abandonne le jouet.

Les bienfaits du jeu

Jouez régulièrement avec votre chien pour renforcer vos liens mutuels, l'empêcher de trouver d'autres exutoires à son trop-plein d'énergie et le maintenir en bonne santé. Jouez à son jeu favori en choisissant les jouets qui l'intéressent le plus et variez-les. Veillez à y trouver tous les deux votre compte et à prendre un maximum de plaisir ensemble.

Le manipuler et le toiletter

Prodiguer les différents soins d'hygiène à son chien, à commencer par l'entretien du poil, est l'occasion idéale de l'habituer à être manipulé et de lui apporter toute l'affection dont il a besoin.

De l'importance du toucher

Les chiens se touchent rarement, sauf quand ils jouent, se battent ou s'accouplent. Les humains ont besoin de toucher leur animal, non seulement pour le contrôler et le manipuler, mais aussi pour lui montrer leur affection. Les chiens doivent apprendre à nous faire confiance et savoir que nous ne leur ferons pas de mal.

Les manipulations doivent commencer dès le plus jeune âge, même si le chien adulte peut les accepter si vous lui laissez le temps d'apprendre à vous faire confiance. Faites preuve de patience et de douceur, et veillez à ce que les séances soient courtes et se passent dans la bonne humeur. Votre chien doit être complètement détendu et ne jamais sentir que vous le brusquez.

Le maintenir en place

Les chiens doivent comprendre, non seulement que nous ne leur voulons pas de mal, mais aussi qu'ils ne peuvent pas partir tant que nous ne les laissons pas partir. C'est important, car un chien qui ne se laisse pas manipuler facilement sera difficile à traiter s'il est malade ou

△ **L'immobiliser en douceur**
Il faut apprendre à son chien à accepter d'être maintenu en place – il sera plus facile à soigner si, un jour, il est malade ou blessé.

▽ **Séance de massage**
Manipulez, toilettez et massez quotidiennement votre chien pour lui apprendre à vous faire confiance et renforcer vos liens mutuels.

blessé. Habituez progressivement votre animal à être tenu et maintenu en place – ne l'agrippez pas, mais immobilisez-le doucement et fermement s'il tente de se libérer. Ne le lâchez que lorsqu'il est calme et détendu.

Le toiletter

Certaines races ont besoin d'être toilettées plus souvent que d'autres, mais un examen quotidien profite à toutes. Le poil d'un chien est constitué d'un sous-poil isolant, court et duveteux, et d'un poil de couverture plus grossier pour le protéger du vent et de la pluie. L'élevage sélectif a produit une grande variété de types de poil qui réclament des soins différents. Certains tombent naturellement en période de mue, d'autres exigent une tonte régulière, d'autres encore nécessitent une épilation à la main destinée à ôter le poil mort. En tout cas, maniez brosses et peignes avec délicatesse.

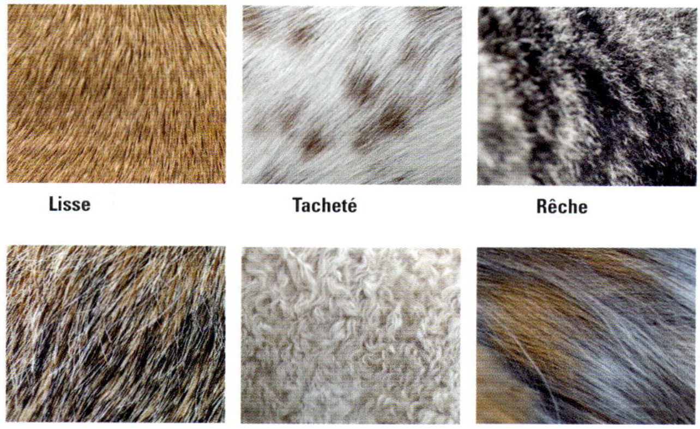

◁ **Types de poil**
Les types de poil varient selon les races et chacun réclame un entretien particulier pour rester en bon état. Ce sont les poils longs ou frisés qui nécessitent l'entretien le plus contraignant.

△ **Attention au vif !**
Ne coupez en aucun cas le vif, c'est-à-dire la partie vivante de l'ongle. Demandez à un vétérinaire, à un éleveur ou à un toiletteur de vous montrer comment faire ou de le faire pour vous.

Lui couper les ongles

Il est préférable de le faire faire dans une clinique vétérinaire ou chez un toiletteur pour éviter de couper le vif, riche en vaisseaux sanguins et en nerfs. Habituez votre chien à avoir les pattes tenues et à la sensation de la pince coupante sur ses ongles.

Le baigner

Le poil du chien, naturellement protégé par une substance grasse, se salit et dégage une odeur. Si votre chien ne sort pas beaucoup et est bien protégé des intempéries, vous pouvez le baigner à volonté, s'il y prend un certain plaisir. Séchez-le minutieusement après le bain.

△ **Un entretien quotidien**
Les chiens à poil long et soyeux doivent être brossés tous les jours pour éviter les nœuds et être régulièrement conduits chez le toiletteur.

Le pouvoir du toucher

Une fois que votre chien est habitué aux manipulations, il va apprécier les soins que vous lui prodiguez. Profitez des soins quotidiens pour vérifier son état de santé – l'absence de parasites, de grosseurs, de coupures ou de toute autre anomalie.

Le matériel de toilettage

Choisissez, dans la large gamme d'articles de toilettage, les mieux adaptés au type de poil de votre chien. L'entretien d'un chien à poil long ou à poil frisé réclame à la fois un matériel plus conséquent et les conseils d'un toiletteur professionnel.

Brosses et peignes
Choisissez-les en fonction du type de poil de votre chien. Ils ont chacun un rôle spécifique.

Reproduction ou stérilisation ?

Le choix des reproducteurs est largement contrôlé par les humains. En tant que propriétaire, c'est à vous de décider si vous voulez faire stériliser votre chien ou vivre au quotidien avec un animal non stérilisé.

Soyez un maître responsable

Vivre avec un animal entier, mâle ou femelle, est plus compliqué qu'avec un animal stérilisé – les comportements propices à l'accouplement peuvent poser problème s'ils ne sont pas correctement gérés. En cas d'accouplement accidentel, c'est au maître qu'il incombe de faire adopter les chiots. Il faut toujours réfléchir sérieusement avant de faire reproduire son animal et considérer les avantages de la stérilisation.

Les mâles entiers

Les mâles entiers n'arrêtent pas de s'occuper des congénères qui vivent sur leur territoire et passent beaucoup de temps à renifler les marques odorantes pour s'informer sur l'état sexuel des femelles et sur leurs concurrents potentiels.
Si un mâle entier sent l'odeur d'une femelle prête à s'accoupler, il marque davantage son territoire, se montre plus querelleur et fait tout pour retrouver la trace de la femelle. Il ne va alors guère écouter les ordres de son maître. Certains ne tiennent pas en place et souffrent de rester confinés à la maison ; ils hurlent, refusent de manger et chevauchent les jambes des visiteurs…

Les femelles non stérilisées

Les femelles non opérées ont des chaleurs en principe tous les six mois

△ **Le marquage odorant**
La testostérone sécrétée par le mâle à partir de la puberté change son comportement – il lève sa patte pour uriner et effectue des marquages odorants plus précis sur son passage.

▽ **Le risque de fugue**
Si un mâle entier capte l'odeur d'une femelle en chaleur, il peut s'enfuir de chez lui pour essayer de la retrouver.

▷ **De nouvelles responsabilités**
Il n'est pas facile de trouver un bon foyer d'adoption pour une portée de chiots. Sans compter les soins vétérinaires, l'entretien régulier et la socialisation nécessaires à leur développement.

▽ **Rivalités entre femelles**
Des femelles non stérilisées qui vivent sous le même toit peuvent se bagarrer, pendant la période des chaleurs.

et pendant deux semaines. Pendant cette période, elles sont sexuellement réceptives aux avances des mâles. Elles sont sujettes à des changements d'humeur, aux bagarres avec d'autres femelles, voire aux fugues pour trouver un partenaire sexuel.
Si la chienne n'a pas été fécondée, une grossesse nerveuse ou « pseudo gestation » peut survenir dans les deux mois qui suivent la fin des chaleurs – elle a des montées de lait, fait son nid et câline ses jouets comme des chiots.

La stérilisation
La stérilisation est un acte chirurgical qui consiste à retirer les organes reproducteurs de l'animal ; elle se pratique chez le vétérinaire sous anesthésie générale. L'opération supprime le désir d'accouplement et les comportements associés. Elle est réalisée à la puberté chez le mâle et après les premières chaleurs chez la femelle. Chez les chiennes qui ne sont pas destinées à la reproduction, la stérilisation réduit le risque d'infections utérines et de tumeurs mammaires parfois mortelles, mais augmente le risque d'incontinence urinaire. Chez les deux sexes, elle modifie l'état du poil et augmente l'appétit – attention donc aux prises de poids. La stérilisation supprime uniquement les comportements sexuels d'origine hormonale et ne remédie pas à tous les troubles comportementaux.

Les maladies héréditaires

L'élevage sélectif destiné à produire des chiens d'exposition parfaits a entraîné une diminution du nombre des reproducteurs disponibles et des liens de parenté trop proches parmi les géniteurs. D'où un risque accru de maladies héréditaires. Avant d'acheter un chiot, assurez-vous que ses parents sont indemnes de tares génétiques. Les tests de dépistage et la mise à l'écart des individus porteurs d'une tare génétique sont indispensables pour produire des chiots sains et éviter les problèmes de santé ultérieurs.

« **Vivre** avec un chien **entier**, mâle ou femelle, est plus **compliqué** qu'avec un animal **stérilisé**. »

▷ **Un gros avantage**
Un chien stérilisé, qui n'a plus besoin de fuguer et de partir sur les traces d'un partenaire sexuel, est satisfait de rester à la maison.

À chaque âge ses défis

À chaque **étape** de son **développement**, un chien représente des **défis** à relever et des **responsabilités** à prendre. L'enfance est **l'étape la plus importante** et réclame une présence quasi-permanente – les **habitudes** et les schémas comportementaux acquis durant la première année le sont pour **toute la vie**. **L'adolescence** est une **période difficile** à gérer pour le maître qui doit se monter **patient** face aux problèmes rencontrés. Les **chiens âgés** réclament des **soins** pour supporter les troubles du vieillissement et **vivre heureux** le plus longtemps possible. Ce chapitre vous donne tous les **conseils nécessaires** pour aider votre chien à traverser **chaque période** de sa vie dans des conditions **optimales**.

LES LEÇONS DE LA VIE
Le chiot doit explorer le monde qui l'entoure, acquérir de bonnes habitudes et apprendre à vivre avec sa « meute » humaine.

Le chiot de 0 à 1 an

La première année de vie façonne le caractère et le comportement du chien – pour le meilleur comme pour le pire selon les efforts de l'éleveur, puis des membres de son foyer d'adoption.

La socialisation

Le caractère d'un chien adulte dépend largement de sa socialisation au cours des trois premiers mois de son existence car durant cette période, il se familiarise avec son entourage humain et animal.

Un manque de contacts peut rendre le chiot timide et anxieux, par exemple avec les enfants et d'autres animaux de compagnie. Et, à l'âge adulte, cette crainte peut se transformer en agressivité.

△ **Les contacts forment le caractère**
Si vous voulez que votre chien soit sociable et équilibré plus tard, faites-lui rencontrer toutes sortes de personnes et d'animaux.

De plus, le jeune chiot doit s'habituer à son environnement intérieur et extérieur, source de stimulations aussi nombreuses que variées (aspirateurs, voitures, escaliers, bruits forts). C'est pourquoi il doit naître et être élevé en famille, dans la maison, et non dehors, dans un chenil. Les éleveurs comme les nouveaux propriétaires doivent veiller à ce que le jeune animal rencontre les personnes les plus diverses au cours de sa première année et à ce qu'il s'imprègne d'environnements différents. Ce processus de socialisation doit se poursuivre jusqu'à la maturité sexuelle.

▷ **Récompenser sa bonne conduite**
Apprendre les bonnes manières à son chiot en le récompensant est plus facile et plus agréable que le réprimander s'il se conduit mal.

Les bonnes habitudes

Outre la socialisation, l'éducation est indispensable au cours des douze premiers mois. Le chiot doit acquérir les règles de bonne conduite pour devenir un chien adulte bien élevé et bien équilibré. Les bonnes habitudes – comme les mauvaises – acquises durant cette phase décisive le sont pour la vie.

Un chiot doit être surveillé constamment, apprendre la propreté et recevoir des principes d'éducation fondamentaux de la part de ses maîtres. L'éducation par la récompense, dont ce livre vous enseigne les bases, vous permettra d'inculquer à votre chiot des comportements fiables et de développer avec lui une relation d'amour et de confiance.

△ **L'habituer en douceur**
Habituez peu à peu votre chiot aux appareils domestiques pour qu'il se sente en sécurité et à l'aise dans son environnement quotidien.

Fixer des limites

Il est très important de fixer des limites au chiot pour qu'il apprenne ce qui est acceptable et ce qui ne l'est pas. Le chiot est particulièrement désireux de faire plaisir à ses maîtres

> « Un chiot doit **naître** et **être élevé** en **famille**, dans la maison, et **non dehors**, dans un chenil. »

jusqu'à l'adolescence, alors mettez à profit cette période pour lui montrer ce qui est permis et ce qui est interdit. Lui faire comprendre qu'il ne peut pas faire et avoir tout ce qu'il veut l'habitue à gérer la frustration, un sentiment auquel il sera inévitablement confronté dans sa vie d'adulte. Si vous lui montrez que vous n'êtes pas prêt à céder une fois votre décision prise, il verra que vous êtes mentalement plus fort que lui et ne cherchera pas à contester vos décisions à tout bout de champ. Si vous remportez de nombreuses petites victoires aujourd'hui, votre chiot sera moins susceptible de vous tenir tête sur des questions plus importantes lorsqu'il sera plus grand et plus fort.

△ **Ignorer sa mauvaise conduite**
Veillez à ignorer tout comportement indésirable et, surtout, à ne jamais le récompenser. Dès que votre chiot aura compris qu'il n'obtiendra pas de récompense en se comportant ainsi, il cessera de mal se conduire.

▷ **Réorienter son attention**
Empêchez votre chiot de manifester un comportement par lequel il « s'autorécompense », par exemple de voler de la nourriture sur la table. Utilisez une laisse et un jouet pour réorienter son attention vers un comportement plus acceptable.

À chaque problème, sa solution

Le chiot n'arrive pas chez nous déjà éduqué. Nous devons lui apprendre à bien se comporter et apporter une solution à ses troubles comportementaux le plus tôt possible pour les empêcher de devenir de mauvaises habitudes.

Il joue à mordre

C'est l'un des problèmes les plus répandus chez les chiots. Le chiot veut jouer et il nous mord les mains, les bras, le visage ou les pieds pour nous engager à jouer avec lui. Il trouve cela normal, car il est habitué à jouer à des jeux de combat avec ses congénères, mais ses dents pointues nous font mal. Nous devons donc lui montrer que son comportement est inacceptable et lui apprendre à jouer avec des jouets.

Dans le cadre de vos premiers échanges, ayez toujours un gros jouet mou à portée de main que vous pouvez faire bouger dans tous les sens en restant, par ailleurs, parfaitement immobile. Votre chiot va vouloir pourchasser et saisir le jouet qui l'excite. Jouez doucement avec lui en le laissant parfois saisir le jouet. Si vous avez des enfants, encouragez-les à faire de même. Une fois que votre jeune animal aura appris à jouer avec des jouets et à y trouver du plaisir, il cessera de vous mordre pour jouer.

Il mâchouille tout et n'importe quoi

Le mâchouillement est un comportement normal chez le chiot qui fait ses dents. Mettez à sa disposition toutes sortes d'objets bons

△ **Le jouet, pas ma main !**
Si vous apprenez à votre chiot à s'amuser avec des jouets, il ne vous mordra plus les mains pour jouer et pourra canaliser sa très forte envie de jouer avec vous.

◁ **Il vous mord pour vous inciter à jouer**
Les chiots s'amusent en vous mordillant les mains : ils veulent jouer. Dans ce cas, retirez votre main et passez à une autre activité.

Se faire les dents

Il existe dans le commerce différents objets à mâcher, le plus souvent des os ou des bâtonnets en peau de buffle, mais aussi des jouets ou des os fourrés, ainsi que des os stérilisés ou fumés. Vous pouvez vous-même cacher des friandises dans un jouet solide percé de trous. Cela empêchera votre chiot de mâcher des objets domestiques… et comblera son besoin de se faire les dents.

Variété
Stimulez son intérêt et empêchez-le de mâcher des objets interdits en mettant à sa disposition une grande variété d'os et de jouets.

à mâchonner pour éviter qu'il abîme vos chaussures ou vos objets domestiques. Surveillez-le dans les endroits où vous pouvez laisser traîner ce genre de choses et veillez à lui offrir d'autres « défouloirs » tout aussi appétissants.

Malheureusement, les chiots se lassent vite et sont souvent tentés de faire leurs dents sur les objets « interdits ». Seule solution : variez les objets tous les deux à trois jours pour qu'il ait toujours quelque chose de nouveau à découvrir. Méfiez-vous de la phase de mâchonnement qui commence à l'adolescence, vers l'âge de sept à dix mois.

Lui apprendre la propreté

Le chiot naît dans un nid et vous lui apprendrez assez facilement la propreté si vous vous y prenez correctement. Conduisez-le dehors :

- rapidement après chaque repas ;
- après une séance de jeu, d'exercice ou toute autre excitation ;
- lorsqu'il se réveille ;
- le matin au réveil et le soir avant le coucher ;
- au moins toutes les heures.

Restez dehors avec lui pendant qu'il se soulage, sinon il se sentira trop seul pour pouvoir se concentrer, puis laissez-le bouger et renifler. Si vous le surveillez constamment au cours

△ **Le bon endroit pour éliminer**
Restez dehors avec votre chiot quand il fait ses besoins. Votre présence le calmera et l'aidera à se soulager plus facilement que s'il était seul.

des deux premières semaines et le sortez à chaque fois qu'il semble avoir envie d'uriner ou de déféquer, il apprendra vite à être propre.

Les classes pour chiots

Les classes pour chiots offrent deux avantages : elles améliorent vos compétences éducatives et favorisent la socialisation du chiot en lui permettant de rencontrer des congénères et d'autres personnes. Assurez-vous que l'éducateur utilise des méthodes positives et évitez les classes où les chiots et/ou leurs maîtres ne sont pas respectés. Choisissez des classes destinées aux

> « Quand votre chiot trouvera du **plaisir** avec les **jouets**, il **cessera** de vous mordre pour **jouer**. »

chiots de moins de vingt semaines. Dans les petits groupes, l'éducateur a le temps de s'occuper de chaque chiot et de vous aider à surmonter les problèmes que vous rencontrez.

▷ **Un éducateur compétent**
L'éducateur vous conseille et vous aide à résoudre les problèmes comportementaux que vous rencontrez avec votre chiot.

Le passage à l'adolescence

L'adolescence peut être une période difficile et tous les maîtres doivent se préparer à y faire face. Mais ne vous inquiétez pas outre mesure : avec la bonne attitude et un peu de persévérance, votre ado à quatre pattes va vite devenir un adulte charmant et bien élevé !

△ **Il se laisse distraire**
Contrairement aux chiots, les chiens adolescents se focalisent sur le monde extérieur et délaissent leur maître – provisoirement

Explorer le monde

Les jeunes chiots ont besoin de nous pour s'occuper d'eux et font tout pour nous plaire. Mais leur attitude change lorsqu'ils atteignent la puberté à l'âge d'environ six mois. Au moment où leur système hormonal se met en route, ils réclament moins notre attention, cherchent moins à nous faire plaisir et se focalisent davantage sur le monde extérieur. Soudain, leur corps change, ils deviennent plus grands, plus forts et plus indépendants, et n'ont qu'une envie : explorer leur environnement. Les maîtres se sentent alors un peu délaissés.

Une étape parfois difficile

Cette période peut être difficile à accepter par un maître qui n'y est pas préparé. En voyant son chien devenir rebelle et désobéissant, constamment happé par l'extérieur, il a l'impression que tous ses efforts ont été vains. Heureusement, l'adolescence n'est qu'un passage vers l'âge adulte. Les chiens commencent à être plus matures à l'âge d'un an environ, bien que certaines races n'atteignent leur pleine maturité psychologique qu'à l'âge de trois ans. Si vous parvenez à surmonter les difficultés de l'adolescence, votre chien redeviendra le compagnon attentif et affectueux qu'il était.

Il n'obéit pas au rappel

Il arrive souvent que le chien adolescent n'obéisse pas au rappel pendant les promenades. Il a d'autres choses à faire, dont explorer ce qui l'entoure, renifler partout pour savoir qui est passé sur son territoire, effectuer des marquages odorants et faire connaissance avec des congénères. Durant cette période, il a la vigueur et l'énergie d'un

◁ **Irrésistible, non ?**
Avec leurs grands yeux, leur face courte et leur désir de plaire à leur propriétaire, les jeunes chiots nous donnent envie de les cajoler et d'exaucer leur moindre souhait.

Ne baissez pas les bras

De nombreux propriétaires se plaignent d'avoir un chien qui, à l'adolescence, se met à leur désobéir. Certains ont alors tendance à baisser les bras et à confier leur animal à un refuge, ce qui est inutile. L'adolescence n'est qu'une période transitoire et, à l'âge adulte, le chien retrouvera l'envie de satisfaire son maître. Ne soyez pas trop exigeant, mais insistez gentiment pour qu'il fasse ce que vous lui demandez.

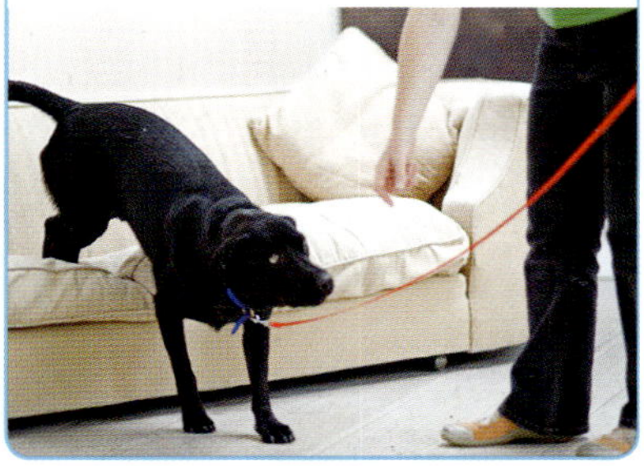

adulte, mais ne possède pas le savoir et l'expérience nécessaires pour se montrer prudent et éviter les ennuis. Même s'il obéissait parfaitement au rappel auparavant, promenez-le avec une longe dans les endroits où il serait tenté de vous faire faux bond.

Les problèmes avec les congénères

Durant l'adolescence, votre chien peut aussi rencontrer des problèmes « hiérarchiques » en croisant des congénères sur son territoire. S'il se montre agressif, tenez-le à l'écart des chiens qu'il ne connaît pas et ne le laissez avoir des contacts qu'avec ceux avec lesquels il s'entend bien.

△ **Un processus naturel**
Comme chez les humains, l'adolescence des jeunes chiens est un processus naturel qui s'accompagne de changements comportementaux jusqu'à l'âge adulte.

▽ **À vous de garder le contrôle**
Durant l'adolescence, il est préférable de sortir son chien avec une longe au cas où il désobéirait au rappel et irait au-devant de problèmes.

Vivre avec un **chien âgé**

L'organisme d'un chien âgé ralentit et, en avançant en âge, l'animal perd peu à peu sa force physique et l'acuité de ses sens. Vous devez comprendre qu'il n'a plus les mêmes besoins et vous adapter à ses nouvelles exigences.

Les effets du vieillissement

L'espérance de vie diffère selon les races : les races géantes, tel le Dogue allemand, atteignent péniblement l'âge de neuf ans, alors qu'un Jack Russell Terrier peut vivre jusqu'à vingt ans. Mais, en général, la plupart des chiens de plus de dix ans sont dits seniors ou âgés. Passé cet âge, leur organisme est moins adapté à l'effort physique et perd lentement sa vigueur. Outre des changements physiques, le vieillissement entraîne un ralentissement des fonctions cérébrales et une lassitude accrue qui pousse l'animal à dormir davantage. De plus, comme ses sens déclinent, il reçoit moins d'informations sur son environnement. La vue et l'ouïe baissent en premier, l'odorat en dernier. Le chien âgé souffre souvent de cataracte et n'entend plus certaines fréquences sonores, ce qui déforme ou étouffe les sons qu'il perçoit. Moins bien renseigné sur son environnement, il se sent moins en sécurité et devient plus craintif. Par exemple, il peut vous mordre si vous le touchez à l'improviste parce qu'il ne vous entend pas approcher. Il est donc préférable de rester longtemps à côté de lui pour lui donner le temps de reconnaître votre odeur et de se réveiller doucement avant de le toucher. L'animal âgé peut aussi souffrir de raideurs et de douleurs articulaires qui diminuent sa mobilité et son envie de bouger. Par exemple, il peut redouter que des enfants viennent le manipuler et lui faire mal et mordre pour se défendre.

◁ **Laissez-le dormir**
Le chien âgé a besoin de dormir davantage et vous devez lui trouver un endroit sûr, chaud et confortable où il ne sera pas dérangé.

◁ **Vieux et heureux**
Le chien âgé peut vivre heureux aux côtés d'un maître qui l'accompagne dans les changements inévitables liés au vieillissement physique et cérébral.

△ **Des sens qui déclinent**
Un chien âgé peut sursauter et mordre pour se défendre si vous le touchez sans prévenir parce qu'il ne vous a pas entendu approcher.

▷ **Problèmes articulaires**
Un chien âgé qui souffre de raideurs et de douleurs articulaires peut rechigner à sortir. Mais des soins adaptés et un exercice doux peuvent le soulager et lui redonner envie de bouger.

Il ralentit son rythme

Pour qu'un chien soit heureux de vivre jusqu'à un âge avancé, il doit conserver un minimum d'activité physique et d'intérêt. Il a besoin de dormir davantage, mais soyez là lorsqu'il se réveille pour l'inciter à jouer, à faire un peu d'exercice et à participer à la vie familiale. Ne le laissez pas à l'écart trop longtemps parce qu'il dort davantage. Adaptez-vous à son rythme pour éviter de trop le solliciter et montrez-lui que vous l'aimez toujours autant.

Les problèmes liés à l'âge

La vie avec un chien âgé peut être plus facile si vous apprenez à gérer efficacement les problèmes spécifiques liés au vieillissement. Avec un peu d'aide et de compréhension, vous saurez trouver des solutions adaptées.

Les trajets en voiture

Un chien qui n'est pas solide sur ses pattes peut redouter terriblement les trajets en voiture. Faites-le entrer en douceur dans la voiture, en le portant ou en utilisant une rampe d'accès. Pour le voyage, prévoyez un couchage matelassé pour assurer son confort et conduisez sans à-coups pour lui éviter d'être secoué.

Peurs et phobies

Avec une acuité sensorielle et une confiance intérieure diminuées, le chien âgé peut développer des peurs et des phobies. Des bruits qu'il tolérait jusque-là, comme l'orage, les feux d'artifice ou même la pluie sur un toit, peuvent soudain l'effrayer. C'est à vous de faire preuve de beaucoup de patience et de tolérance pour éviter de l'exposer à des situations où il se sent menacé. Il peut aussi développer des peurs diffuses, par exemple celle de rester seul dans le noir. Dans ce cas, déplacez son couchage pour qu'il dorme près de sa famille humaine et se sente en sécurité. Si cela ne suffit pas, votre vétérinaire peut vous conseiller un traitement médicamenteux ou une thérapie comportementale.

Des bilans de santé réguliers

La plupart des modifications et des troubles du comportement liés à l'âge sont d'origine physique, notamment ceux produits par les douleurs chroniques de l'arthrose. Vous devez donc soumettre votre chien âgé à des check-up réguliers. Les changements apparaissent souvent lentement, mais des visites régulières chez le vétérinaire permettent d'identifier les signes ou les symptômes pour ralentir l'évolution de la maladie.

△ **Le porter correctement**
Quand vous portez un chien âgé, que ce soit pour le mettre dans la voiture ou pour toute autre raison, veillez à ne pas appuyer sur des endroits douloureux (articulations ou membres).

▷ **Rampe d'accès**
Les grands chiens lourds qui ne peuvent pas sauter ni être portés ont besoin d'une rampe d'accès pour pénétrer dans la voiture sans trop souffrir.

« Avec une **acuité sensorielle** et une confiance intérieure **diminuées**, le chien âgé peut **développer des phobies.** »

△ **Ne pas le dérouter**
Si la vue de votre chien baisse, ne déplacez pas les meubles. Si vous y êtes obligé, changez-les de place un par un.

Le syndrome de dysfonctionnement cognitif

Similaire à la maladie d'Alzheimer chez les humains, le SDC, autrefois appelé sénilité ou démence sénile, peut affecter les chiens âgés. Les symptômes sont les suivants :

- confusion ou désorientation spatiale – il se perd ou se retrouve bloqué dans un angle de mur ;
- réveil nocturne ou troubles du sommeil ;
- malpropreté ;
- perte de l'attention ou hébétude ;
- ralentissement de l'allure et diminution de l'activité ;

△ **Désorientation spatiale**
Les chiens âgés peuvent souffrir de désorientation spatiale. Ils peuvent se perdre ou essayer de sortir par la mauvaise porte.

L'importance de la routine

Il faut éviter de changer les habitudes d'un chien qui vieillit et devient fragile. Nourrissez-le, sortez-le et toilettez-le à des heures régulières, et veillez à son régime alimentaire, pour qu'il reste propre et que son organisme continue à bien fonctionner. Comme il dort beaucoup, il est facile d'oublier sa présence. En établissant une routine quotidienne, vous n'oublierez pas de lui donner l'affection, le jeu et la stimulation dont il a besoin.

- non-reconnaissance de ses proches et raréfaction des échanges.

Certains symptômes peuvent faire partie du processus de vieillissement normal, d'autres sont dus à une altération des fonctions cognitives et améliorés par un traitement adéquat.

▽ **Redoubler d'affection**
Un chien âgé réclame encore plus d'attention, d'affection et de compréhension pour vivre heureux le plus longtemps possible.

3

Éduquer et se faire obéir

Comment un chien apprend-il ?

Les dix exercices de base

Comment un chien apprend-il ?

Si vous voulez **réussir l'éducation** de votre chien, vous devez **comprendre** comment fonctionne son **processus d'apprentissage**. Une fois que vous saurez **comment** il apprend, les **exercices éducatifs de base** vous paraîtront un **jeu d'enfant** ! Ce chapitre vous donne toutes les informations dont vous avez besoin sur **l'éducation canine** et vous explique comment faire obéir votre chien pour pouvoir le **récompenser** ensuite. Vous trouverez aussi des **conseils** sur quels types de **récompenses** utiliser, **quand** les supprimer et **par quoi** les remplacer. Vous découvrirez pourquoi la **synchronisation** est si importante, pourquoi vous devez **varier le contexte** du processus **d'apprentissage** et pourquoi faire perdre ses **mauvaises habitudes** à votre chien n'est vraiment **pas** si **compliqué**.

L'ÉDUCATION POSITIVE
Les chiens apprennent vite si c'est dans leur intérêt. L'éducation basée sur la récompense est aussi amusante pour le chien que pour son maître.

Le processus de l'apprentissage

Nous devons savoir comment les chiens apprennent si nous voulons qu'ils comprennent clairement ce que nous leur demandons et nous obéissent de leur plein gré. Cela réduit aussi la durée du processus d'apprentissage.

Le processus d'apprentissage

Avant de réussir quelque chose, les chiens font plusieurs essais, comme nous. Ils ont tendance à réitérer les actions qui aboutissent à un résultat positif et à éviter celles qui ne sont pas récompensées ou dont les conséquences sont négatives. Par exemple, un chien qui se brûle le nez sur une plaque de cuisson ne voudra pas recommencer. De même, si un chiot aboie pour attirer l'attention, mais se rend compte que ses maîtres l'ignorent, il va cesser d'aboyer. En revanche, si un chien saute sur son maître pour l'accueillir et voit son comportement récompensé par des tapes amicales ou des caresses, il va répéter cette action qui deviendra vite une mauvaise habitude difficile à abandonner *(p. 188-189)*.

◁ **Comment faire ?** Comment accéder à l'objet du désir (ici, l'odeur de nourriture dans la poubelle). Une fois que l'animal aura appris comment faire, il pourra le refaire.

△ **L'inciter à faire ce que vous lui demandez**
Pour apprendre à un chiot à vous obéir, vous devez trouver un moyen de l'inciter à faire ce que vous voulez lui faire faire.

△ **Le faire réagir à un signal**
Quand le chiot sait ce que vous attendez de lui, vous pouvez lui donner le signal de le faire – et de le refaire autant de fois que vous le souhaitez.

Pas plus de 3 minutes chrono

Le chien domestique n'a pas l'habitude de réfléchir. Or, durant les séances d'éducation, il doit faire l'effort de comprendre ce que nous lui demandons, ce qui est fatigant pour lui. De ce fait, organisez des séances courtes qui ne dépassent pas trois minutes. Utilisez un minuteur ou un chronomètre pour toujours savoir où vous en êtes. Terminez la séance sur un résultat positif – un exercice réussi. Si nécessaire, reprenez un exercice plus facile pour clore la séance avec l'envie de passer à la prochaine.

◁ **Ça ne passe pas !**
Puisque son cerveau ne lui permet pas de résoudre le problème auquel il est confronté, ce chien doit faire plusieurs tentatives infructueuses avant de trouver la solution.

Lui apprendre à obéir

Nous pouvons profiter de la capacité de notre chien à tirer la leçon de ses expériences en récompensant les comportements que nous voulons qu'il répète et en ignorant ou en empêchant ceux que nous jugeons indésirables. Nous pouvons aussi utiliser cette technique quand nous souhaitons lui apprendre à obéir à nos ordres, par exemple à venir au rappel *(p. 124-125)* ou à se coucher *(p. 126-127)*. Notre chien acceptera volontiers de répéter une action ou un comportement si nous le récompensons pour avoir agi conformément à ce que nous attendions de lui. Une fois qu'ils ont compris nos attentes et savent comment obtenir une récompense dans une situation donnée, nous pouvons leur donner un signal verbal ou gestuel juste avant qu'ils effectuent l'action demandée.

△ **Ça passe enfin !**
Il a fini par réussir à passer la branche à travers le portail, mais il faut qu'il répète plusieurs fois cette action pour que sa réussite devienne systématique.

Exemple concret

Si vous voulez que votre chien se couche sur commande, commencez par amorcer cette position en lui mettant une friandise sous le nez et en la déplaçant lentement vers le sol *(p. 110)*. Dès que ses coudes touchent le sol, laissez-le saisir la friandise. Répétez l'exercice jusqu'à ce qu'il comprenne ce qu'il doit faire pour obtenir la récompense. Puis introduisez un signal gestuel ou l'ordre verbal « couché ! » *(p. 110-111)* juste avant de l'amener à se coucher. Petit à petit, il comprendra qu'à ce signal, il est récompensé s'il se couche, et prendra l'habitude de se coucher sur commande. Apprenez-lui à se coucher dans différents endroits et à partir de différentes positions *(p. 114-115)*. Quand il réagira au signal, vous pourrez diminuer peu à peu les récompenses *(p. 116-117)*.

Les récompenses

Elles sont indispensables à la réussite de l'éducation. Savoir comment les utiliser et quelles sont celles que votre chien apprécie le plus facilitera son éducation et rendra les séances plus agréables.

Différents types de récompense

Pour apprendre à votre chien à obéir, vous devez lui donner une récompense qu'il apprécie vraiment dès qu'il fait ce que vous attendez de lui. Quel type de récompense utiliser ? Cela dépend de ses goûts.

Les **récompenses alimentaires** sont faciles à utiliser et permettent de récompenser le chien rapidement et à bon escient. Vous devez lui donner des aliments :

- appétissants – la nourriture est le premier plaisir du chien, en général ;
- odorants – le chien a un odorat bien plus développé que le goût ;
- humides – les aliments humides sont plus appétissants que les aliments secs ;
- moelleux – vous devez pouvoir les couper en petites bouchées ;
- faciles à manipuler – votre chien doit pouvoir récupérer rapidement ce qui est tombé par terre ;
- d'une taille adaptée – donnez des bouchées de la taille d'un petit pois à un petit chien ou d'un gros pois à un grand chien pour récompenser une tâche facile. Utilisez des bouchées un peu plus grosses ou des aliments dont votre chien raffole vraiment pour les exercices plus difficiles.

Vous pouvez récompenser votre chien avec des **jeux** s'il est joueur et peu gourmand. Ce type de récompense prend plus de temps – une séance de jeu, même courte, est plus longue que d'avaler une

△ **Petits, mais appétissants**
Un chien est prêt à faire des efforts pour obtenir des petits morceaux de nourriture appétissants.

La hiérarchie des récompenses

Apprenez à savoir ce que votre chien aime le plus et ce qu'il aime le moins. Utilisez les récompenses qu'il aime le moins pour les exercices faciles, par exemple s'asseoir sur commande *(p. 122-123)* et celles qu'il aime le plus pour les exercices difficiles, par exemple revenir à vos pieds quand il joue avec un congénère *(p. 148-149)*. Mais ses préférences évoluent, alors restez à son écoute. De plus, comme il se lasse vite, vous devez varier régulièrement les récompenses.

Biscuits fourrés

Barres à la viande

Dés de fromage

Saucisse de Francfort

Friandises humides

Dés de poulet cuit

Saucisse cuite

△ **L'approbation sociale**
Ne vous contentez pas d'une petite tape sur la tête en signe d'approbation. Votre chien doit sentir le lien très fort qui vous unit.

friandise, et vous devez récupérer son jouet à la fin. Mais chez certains chiens, le jeu est très motivant, surtout associé à une friandise pour récompenser une tâche très difficile.

L'approbation sociale

L'approbation sociale sous forme de félicitations, de caresses ou de tapes affectueuses constitue une récompense très appréciée d'un animal social tel que le chien, notamment si vous avez un lien très fort avec lui *(p. 66-67)*. Certes, ce n'est pas toujours une récompense très efficace à elle seule, car nos compagnons ne sont généralement pas privés d'affection, mais associée à des friandises ou à des jeux, elle

△ **Le jeu comme récompense**
Le jeu est un bon moyen de récompenser un chien qui sait et aime jouer… ou qui n'est pas très gourmand – c'est rare, mais ça arrive !

« Apprenez à **connaître** les **goûts** de votre chien, à savoir ce qu'il aime **le plus** et **le moins**. »

peut être valable. Elle sera aussi très utile quand vous diminuerez peu à peu les récompenses alimentaires et/ou ludiques *(p. 116-117)*.

Des désirs variables

Une éducation réussie implique de savoir évaluer ce que votre chien désire à tel ou tel moment et de satisfaire son désir s'il vous obéit. N'oubliez pas qu'il est comme vous : ses envies varient selon les moments de la journée.

Lui faire comprendre

Pour expliquer à notre chien ce que nous voulons qu'il fasse, il existe plusieurs techniques. C'est à vous de les tester et d'évaluer leur efficacité.

La technique de l'appât Vous pouvez inciter votre chien à adopter la position souhaitée en lui mettant sous le nez une friandise appétissante, puis en la déplaçant dans la direction choisie – la tête et le corps vont suivre. La friandise doit avoir une taille suffisante pour que l'animal la lèche et la mordille, ce qui contribue à soutenir son attention.

Dès que votre chien fait ce que vous lui demandez, donnez-lui la friandise pour le récompenser. Il va apprendre à associer cette action à un résultat positif et la réitérera plus facilement la prochaine fois. La technique de l'appât est particulièrement efficace pour les chiots et les chiens inexpérimentés.

Le façonnage du comportement Si vous le récompensez lorsqu'il avance dans la direction voulue, il va apprendre à se déplacer dans cette direction pour obtenir systématiquement une récompense. Vous façonnez son comportement en le récompensant dès le départ s'il fait quelques pas hésitants dans la bonne direction, puis en le laissant se rapprocher peu à peu de la destination finale avant de le récompenser à nouveau.

Cette technique marche bien chez les chiens plus expérimentés qui savent que vous voulez les faire aller quelque part et testent différentes directions pour trouver la bonne. Cette méthode ressemble au jeu de cache-tampon des enfants – « tu brûles !… tu refroidis ! »

Le toucher d'une cible Si vous apprenez à votre chien à toucher une cible avec son nez ou sa patte (plusieurs

△ **Imiter ses congénères**
Les chiens peuvent apprendre des comportements innés simples de leurs congères, par exemple aboyer à la vue d'étrangers, mais ils ont du mal à apprendre des exercices complexes par mimétisme.

◁ **Suivre des yeux la friandise**
La technique de l'appât incite facilement un chien inexpérimenté à adopter différentes positions en suivant la récompense des yeux avant de la manger.

séances seront nécessaires), vous pourrez ensuite déplacer la cible pour l'inciter à la suivre. Essayez cette technique si vous voulez lui enseigner un comportement qui n'est pas naturel pour lui, par exemple éteindre une lumière ou appuyer sur une pédale.

Le mimétisme Les chiens ayant du mal à imiter le comportement d'autres animaux, le mimétisme n'est pas une technique d'éducation très efficace. Ils peuvent apprendre des comportements naturels simples de leurs congénères, par exemple aboyer en présence d'étrangers, mais rarement des exercices complexes.

△ **Toucher une cible**
Cela incite le chien à faire quelque chose qui n'est pas inné chez lui, par exemple, à fermer une porte de placard avec son museau.

La pression physique Vous avez certainement eu l'idée d'apprendre à votre chien à s'asseoir en appuyant sur son arrière-train. Non seulement c'est une technique dangereuse sur des chiots qui n'ont pas achevé leur croissance ou des chiens aux articulations fragiles, mais elle suscite une résistance – le chien résiste à la pression – et toute résistance allonge la durée de l'apprentissage.

Les signaux gestuels

Une fois que votre chien sait faire ce que vous lui demandez, introduisez des signaux gestuels. Un signal gestuel doit toujours précéder de peu l'action *(p. 112-113)* pour que l'animal fasse le lien. Au fil des séances, votre chien vous obéira dès que vous ferez un geste de la main.

ASSIS !
Pour faire asseoir votre chien, levez la main, paume vers le haut. Commencez par un geste exagéré, de la cuisse jusqu'à l'épaule, puis réduisez peu à peu son amplitude dès que votre chien comprend ce que vous lui demandez *(p. 122-123)*.

VIENS !
Vous avez les bras le long du corps. Pour faire venir votre chien, écartez-les sur le côté, paumes vers le haut, dans un geste d'accueil. Au départ, accroupissez-vous pour mieux lui faire comprendre ce que vous attendez de lui *(p. 124-125)*.

ATTENDS !
Pour lui apprendre à rester assis, baissez lentement la main, paume vers le bas, en direction de la face de votre chien, puis ne bougez plus. Veillez à ce qu'il garde un contact visuel avec vous. Sinon, il risque de bouger *(p. 128-129)*.

COUCHÉ !
Baissez votre main jusqu'à avoir le bras tendu, paume vers le sol. Commencez par un geste exagéré, depuis l'épaule jusqu'à la cuisse, puis réduisez peu à peu son amplitude *(p. 126-127)*.

AU PIED !
Pour apprendre à votre chien à marcher au pied, posez votre main sur votre hanche. Au départ, tapotez votre hanche – votre compagnon va se rapprocher pour flairer votre main et vous allez le récompenser. À la longue, vous n'aurez plus besoin du tapotement *(p. 132-133)*.

DEBOUT !
Pour lui apprendre à se mettre debout, tournez votre paume face à son nez, bras tendu, puis éloignez votre main vers l'arrière. Cette technique, facile à assimiler, ressemble à celle de l'appât. Réduisez progressivement l'ampleur de votre geste *(p. 130-131)*.

Être synchronisé

La synchronisation est très importante dans l'éducation du chien. Elle accélère le processus d'apprentissage en facilitant la communication et la compréhension entre l'animal et son maître.

Soyez rapide

Vous devez lui donner sa récompense dès qu'il a agi conformément à votre attente : c'est le seul moyen de lui faire comprendre qu'il a bien agi. N'oubliez pas que des actions récompensées ont toutes les chances d'être répétées. Puisque vous voulez que l'action présente soit répétée (par exemple que votre chien s'assied), et non l'action suivante (par exemple qu'il se relève), vous devez être très rapide et récompenser votre compagnon au moment où il a encore en tête la position assise.

Récompensez-le aussitôt

Observez attentivement votre chien lorsque vous l'encouragez à agir. Apprenez à anticiper le moment où il va faire ce que vous lui demandez et

△ **Une récompense immédiate**
Pour apprendre à votre chien à s'asseoir, observez-le attentivement et récompensez-le dès que son arrière-train touche le sol. Il saura exactement ce qu'il doit faire la prochaine fois.

▷ **Avoir des récompenses sous la main**
Si vous attendez plus de deux secondes pour le récompenser, il sera déjà passé à autre chose et ne pensera plus à ce qu'il vient de faire.

signal gestuel et signal verbal — *action* — *renforcement positif*

△ **Soyez synchro**
Donnez-lui d'abord le signal verbal puis gestuel, et appâtez-le pour l'inciter à obéir s'il ne les comprend pas. Dès qu'il adopte le comportement souhaité, récompensez-le aussitôt.
Au bout de plusieurs séances, laissez quelques secondes s'écouler entre les signaux et l'action pour voir si votre chien comprend ce qu'il doit faire.

veillez à avoir toujours des récompenses (friandises ou jouets) sous la main. Dès que vous voyez qu'il s'apprête à agir, sortez votre récompense. Mais attention ! Si vous le laissez apercevoir ses récompenses, vous allez le distraire au lieu de l'encourager. Alors gardez-les hors de sa vue – à moins d'utiliser la technique de l'appât. Par exemple, cachez une friandise dans votre main et tenez-la éloignée de son nez – sinon, l'odeur va détourner son attention de ce que vous êtes en train de lui apprendre.

Une fois qu'il a fait ce que vous vouliez qu'il fasse, récompensez-le immédiatement. Si vous le récompensez trop tard, il ne va pas comprendre ce que vous attendiez de lui. Il va se sentir désorienté ou ne va pas réagir comme vous le souhaitiez. Résultat : la séance d'éducation sera une expérience déroutante et frustrante pour vous deux.

Donnez le signal au bon moment

Pour accompagner l'action d'un signal, autrement dit pour apprendre à votre chien à réagir à un signal verbal (exemple : « couché ! ») ou gestuel (doigts pointés vers le sol), donnez-lui le signal juste avant de l'inciter à agir.

À la longue, il va associer tel ou tel signal à telle ou telle action et finir par réagir au seul signal – il n'attendra plus l'appât ou tout autre moyen que vous utilisez pour l'encourager à vous obéir.

« Apprenez à **anticiper** le moment où il va faire **ce que vous lui demandez** et veillez à avoir des **récompenses** sous la main. »

L'apprentissage des signaux

Lorsque vous lui apprenez une nouvelle action, commencez par utiliser un appât ou un autre encouragement pendant plusieurs séances jusqu'à ce qu'il ait bien intégré votre demande. Puis ajoutez le signal verbal et/ou gestuel durant plusieurs séances pour qu'il fasse le lien entre les deux. Enfin, faites une pause de quelques secondes entre le signal et l'incitation à agir pour lui laisser le temps de réfléchir à ce que vous lui demandez. Au début, récompensez-le dès qu'il amorce l'action souhaitée. Ensuite, attendez que son action soit complète pour le récompenser.

Varier les contextes

Quand notre chien apprend à réagir à un signal, c'est dans un contexte précis. Si nous voulons que ce signal fonctionne partout, nous devons lui enseigner dans les situations et les positions les plus variées.

À chaque signal son action

Quand un chien apprend à réagir à un signal, il apprend à associer un signal gestuel ou verbal à une action donnée. En répétant cette association lors de séances d'éducation, il finit par effectuer l'action en question dès qu'il voit ou entend le signal correspondant.

Le chien n'apprend pas seulement le couple signal/action, mais le contexte de l'événement. Quand vous apprenez à votre chiot à s'asseoir pour recevoir son dîner, vous pouvez penser qu'il apprend l'ordre « assis ! ». Or, ce qu'il intègre, c'est que quand il est debout et que vous tenez sa gamelle, il doit s'asseoir au signal « assis ! » pour que vous la posiez par terre. Supprimez un seul élément de ce contexte et il ne vous comprendra plus.

Pour éviter ce problème, enseignez-lui un même comportement dans des contextes variés. Le signal étant le seul point commun aux différentes expériences, il va comprendre qu'il doit l'associer à l'action demandée pour obtenir sa récompense.

Apprenez-lui aussi un même comportement dans des positions différentes par rapport à vous. Si vous lui apprenez à s'asseoir quand il est devant vous, puis lui demandez de s'asseoir lorsqu'il est à côté de vous, il va aller s'asseoir devant vous, là où vous l'avez récompensé. En variant votre position par rapport à lui au cours des séances d'éducation, il comprendra qu'il sera récompensé s'il réagit au signal, quel que soit l'endroit où il se trouve.

Soyez patient ! Ne punissez jamais votre chien s'il ne vous obéit pas, car il ne comprend pas les punitions. Montrez-lui ce que vous attendez de lui et récompensez-le bien s'il vous obéit.

▽ L'importance du contexte global
Ce chiot a appris qu'il aura à manger s'il pose son arrière-train au sol, face à son maître, quand celui-ci tient sa gamelle.

L'apprentissage des signaux verbaux

Le seul signal que la plupart des chiens apprennent est l'ordre « assis ! ». S'ils le connaissent par cœur, c'est parce qu'ils entendent leur maître le leur répéter continuellement dans les contextes les plus variés. Mais si son maître l'éduque comme il faut, le chien est capable d'apprendre des centaines de mots, dont les ordres « viens ! », « couché ! », « pas bouger ! » et « au pied ! ». Cohérence et persévérance sont indispensables à l'apprentissage des signaux verbaux dans différentes situations et circonstances.

△ Varier les lieux d'apprentissage
Ce chiot apprend à s'asseoir sur commande devant sa maîtresse dans le jardin – un endroit différent de celui où il avait appris pour la première fois ce comportement de base.

▷ S'asseoir sur commande
Ici, le chiot apprend qu'il obtiendra une récompense s'il s'assied quand sa maîtresse est assise sur une chaise. Au bout de nombreuses séances d'éducation, il va comprendre ce que le signal « assis ! » signifie.

Des récompenses **méritées**

Si les apprentissages de base sont acquis, arrêtez les récompenses. Les renforcements occasionnels et les « jackpots » inopinés contribuent à améliorer ses performances et à réduire sa dépendance aux friandises.

Des récompenses à bon escient

Si votre chien comprend parfaitement ce que vous attendez de lui, diminuez très progressivement les récompenses que vous lui donnez jusqu'à le récompenser une fois sur cinq environ, et de manière fortuite. C'est souvent difficile au début, mais pour vous aider à distribuer les récompenses de façon aléatoire, mettez cinq boutons dont l'un n'est pas de la même couleur que les autres dans votre poche et récompensez votre chien uniquement quand vous tirez ce bouton-là.

Quand vous décidez de ne pas le récompenser, n'oubliez pas de lui dire « bon chien ! » et de le féliciter pour qu'il sache qu'il a agi comme il faut.

Des jackpots occasionnels

La réduction progressive des récompenses incite le chien à travailler plus dur et plus longtemps pour mériter ses friandises. Cela est d'autant plus vrai si vous lui laissez

« Une **récompense** n'a **pas** besoin d'être très **fréquente**, les chiens travaillent **dur** pour la mériter **de temps en temps**. »

△ **Il s'y attend !**
Au début, l'absence de récompense peut dérouter le chien qui s'attend à recevoir une friandise à chaque fois qu'il agit comme il faut, mais il va vite s'y habituer.

◁ **Un effet motivant**
Les récompenses et les jackpots occasionnels améliorent les performances. Pourquoi ? Parce que la plupart des chiens vont travailler dur pour « gagner » davantage de friandises plus souvent.

▷ **Ça se mérite !**
Un jackpot, ça se mérite ! Plus votre chien sera content, plus il va se souvenir de ce jackpot et plus il fera d'efforts pour l'obtenir la prochaine fois.

toucher des jackpots occasionnels – quelque chose que votre animal apprécie par-dessus tout.

Avec cette pratique, votre chien commence à « miser » sur l'issue probable : la plupart du temps il ne gagne rien, mais parfois il remporte un petit lot ou, encore mieux, le gros lot. Réservez le jackpot aux grandes occasions – la parfaite réalisation d'un exercice, par exemple – et vous améliorerez les performances globales de votre compagnon.

Vous pensez peut-être que c'est injuste de récompenser certains résultats et pas d'autres. C'est à vous de voir. Certains chiens ont un esprit de compétition très marqué, mais d'autres abandonnent facilement. Toujours est-il que les récompenses non systématiques constituent un moyen efficace d'améliorer les performances de la majorité des chiens.

◁ **Difficulté = récompense**
Récompensez toujours votre chien pour une action ou une décision difficile, par exemple quitter ses partenaires de jeu pour obéir au rappel.

Des règles à respecter

Quelques règles s'appliquent aux renforcements positifs et aux jackpots occasionnels :

Bon chien !

Pour que votre chien comprenne plus facilement qu'il a répondu à votre attente, dites-lui quelque chose du style « bon chien ! ». Et veillez à le récompenser avec une friandise peu de temps après. À la longue, ce « bon chien ! » sera associé dans son esprit à une récompense et pourra être utilisé pour lui faire savoir qu'il a agi correctement. Quand vous décidez de réduire peu à peu les récompenses, utilisez ce signal verbal pour lui montrer qu'il a bien agi, même si vous ne le récompensez pas cette fois-ci.

△ **Nouveauté = récompense**
Quand vous lui apprenez un nouvel exercice, récompensez-le à chaque fois qu'il le réussit jusqu'à ce qu'il sache exactement ce qu'il doit faire au signal que vous lui donnez.

- Ne les utilisez que quand votre chien comprend vraiment ce que vous attendez de lui. Récompenser un comportement avant qu'il soit bien intégré risque de le désorienter.
- Soyez certain que votre chien les apprécie vraiment. Quand il touche le jackpot, montrez-lui que c'est la fête !
- Quand vous ne le récompensez pas, faites-lui comprendre quand même qu'il a bien agi en le félicitant chaleureusement à chaque fois.
- Récompensez toujours des exercices difficiles ou des séquences comportementales complexes.

Les mauvaises habitudes

Les chiens peuvent prendre de mauvaises habitudes s'ils sont récompensés involontairement pour des comportements indésirables, mais ils peuvent s'en défaire tout aussi facilement si leur maître sait comment s'y prendre…

Comment le déshabituer ?

Votre chien peut désapprendre un comportement indésirable – par exemple, vous sauter dessus pour vous accueillir quand vous rentrez à la maison *(p. 188-189)* – si vous êtes capable de ne plus récompenser – souvent sans le faire exprès – ce comportement. Mais avant, assurez-vous que votre animal a tout ce qu'il lui faut pour être heureux. Cela peut sembler évident, mais le simple fait de se mettre à la place de son chien peut faire apparaître des insuffisances qu'il tente de pallier par son comportement indésirable.

Si vous voulez lui faire perdre une mauvaise habitude, tous les membres de votre foyer doivent ignorer son comportement indésirable. Cela peut être difficile, notamment s'il aboie de façon intempestive, alors prévenez vos voisins et achetez des boules Quiès. Il est essentiel que vous ignoriez totalement ses aboiements, ce qui signifie ne pas lui parler, ne pas le regarder et ne pas le toucher. Et ne le réprimandez pas – certains chiens préfèrent encore les réprimandes à l'indifférence. Si son comportement indésirable le gratifie aussitôt, par exemple aller dormir sur un canapé confortable, vous allez devoir y mettre le holà en l'encourageant à adopter un autre comportement tout aussi gratifiant.

△ **Il se vautre sur le canapé**
Certains jugent que dormir sur le canapé est un comportement acceptable pour un chien, alors que d'autres préfèrent le voir dormir ailleurs.

Une aggravation temporaire

Au début, sachez que son comportement peut s'aggraver au lieu de s'améliorer. En voyant que vous avez changé d'attitude à son égard et qu'il n'obtient plus ce qu'il veut, il va redoubler d'efforts pour attirer votre attention et obtenir ce qu'il veut. Il va aussi se sentir frustré, ce qui ne fera qu'aggraver le problème.

Mais si vous êtes persévérant et continuez à l'ignorer, il va finir par se rendre compte que son comportement n'est plus efficace. Gardez à l'esprit

△ **Il ne veut pas descendre**
Si votre chien s'est confortablement installé sur le canapé, il a déjà été récompensé de son action et la répétera ultérieurement.

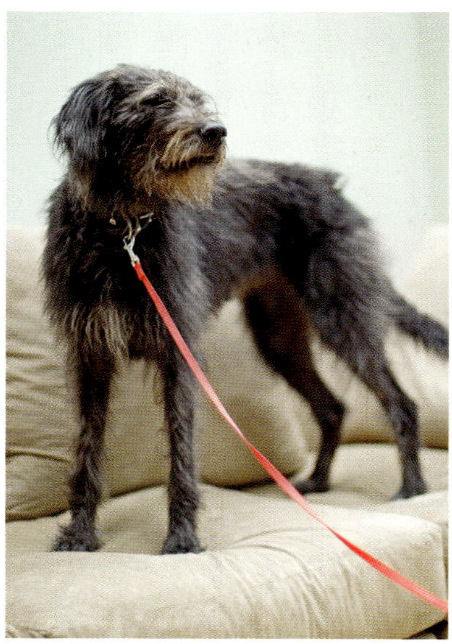

△ **Il ne sera pas récompensé**
Attachez une longe au collier de votre chien pour l'empêcher de prendre ses aises – il se rendra compte qu'il n'est pas récompensé de son action.

△ **Le faire descendre à temps**
Faites-le descendre du canapé avant qu'il s'y soit installé. Lui faire perdre cette mauvaise habitude réclame une vigilance de tous les instants.

qu'un comportement indésirable qui n'est pas récompensé cesse un jour ou l'autre, même s'il faut du temps.

Pour accélérer le processus, récompensez au contraire les comportements désirés. Par exemple, récompensez votre compagnon s'il reste calme ou ne vous saute pas dessus à votre arrivée. Une fois qu'il aura compris comment être récompensé d'un bon comportement, il va abandonner son mauvais comportement, devenu inopérant.

Rechutes occasionnelles

Malgré tout, préparez-vous à ce que votre chien reprenne ses mauvaises habitudes de temps en temps, surtout si vous les avez involontairement récompensées pendant très longtemps. Continuez de les ignorer et vous verrez qu'elles disparaîtront.

Évitez de récompenser sans le vouloir un comportement indésirable, par exemple en le grondant quand il rentre tout crotté et vous saute dessus. Tantôt le réprimander et tantôt l'ignorer équivaut à le récompenser occasionnellement *(p. 116-117)* et donc à l'encourager à redoubler d'efforts pour avoir gain de cause.

> « Au début, **le comportement** de votre chien peut **s'aggraver** au lieu de **s'améliorer.** »

△ **Une bonne alternative**
Offrez à votre chien un endroit où dormir qu'il trouvera confortable. La mauvaise habitude sera vite oubliée et remplacée par une bonne.

Mieux vaut prévenir que guérir

Puisque les comportements récompensés sont facilement mémorisés, empêchez votre chiot d'adopter tel ou tel comportement indésirable le plus tôt possible.
Si personne ne l'encourage à dormir sur le canapé ou dans votre lit quand il est petit, il va prendre l'habitude d'aller dormir dans son couchage.
Si tout le monde s'accroupit pour l'accueillir et l'empêcher de sauter sur les visiteurs, il va apprendre à garder ses quatre pattes au sol.

Les dix exercices de base

C'est un vrai **bonheur** de vivre en compagnie d'un chien **bien éduqué** ! Il peut participer **sans problème** à toutes vos activités **quotidiennes au lieu de** rester à la maison. Il est plus **facile à gérer**, ce qui vous laisse plus de temps pour **partager avec lui** une foule d'activités **ludiques**. Si vous apprenez à votre chien les **dix exercices de base** proposés dans ce chapitre, vous pourrez vous faire comprendre et le **contrôler** en toutes circonstances. Ces apprentissages **fondamentaux** sont **incontournables** et constituent une **préparation** aux exercices plus difficiles présentés dans les chapitres suivants, qu'ils soient **éducatifs, ludiques** ou **sportifs.**

QUAND L'ÉDUCATION EST UN PLAISIR
L'éducation positive basée sur les félicitations et les récompenses (friandises, jeux) forme des chiens qui aiment travailler et font tout pour plaire à leur maître.

Lui apprendre à s'asseoir

L'apprentissage de la position assise est l'un des plus faciles et donc tout indiqué pour commencer l'éducation de votre chien. C'est le premier exercice que l'on apprend à son animal et le signal le plus répété au quotidien.

Un chien assis est un chien qui ne saute pas sur les visiteurs, qui ne s'enfuit pas et qui ne vous bouscule pas pour passer – bref, qui ne manifeste pas de comportement indésirable. Apprendre à son chien à s'asseoir permet de le contrôler et de le maintenir en place.

De plus, la plupart des chiens adoptent rapidement la position assise quand ils voient que leur maître a quelque chose pour eux. Pourquoi ? Parce que c'est dans cette position calme et maîtrisée qu'ils sont le plus souvent récompensés.

1 △

Captez son attention
Tenez une friandise appétissante entre vos doigts et laissez votre chien, qui est debout, la lécher en partie. Puis levez lentement la main pour l'inciter à lever son museau vers la friandise.

2 ▷

Déplacez la friandise
Déplacez lentement la friandise au-dessus de sa tête, ce qui l'oblige à la renverser en arrière pour la suivre des yeux. Attendez qu'il fléchisse naturellement sur ses pattes arrière.

CONSEILS

Une fois que votre chien adopte systématiquement la position assise lorsque vous l'appâtez, donnez-lui le signal verbal « assis ! » juste avant de commencer. Puis apprenez-lui à réagir à un signal gestuel *(légende ci-contre)*. Au bout de plusieurs séances, si vous voyez qu'il réagit rapidement au signal gestuel, diminuez progressivement l'ampleur de votre geste.
Si vous précédez systématiquement le signal gestuel et l'appât de l'ordre « assis ! », votre chien va finir par obéir uniquement au signal verbal.

N'oubliez pas de pratiquer cet exercice dans différents endroits, et de placer votre chien dans différentes positions par

Signe de la main
Une fois que votre chien s'assied aussitôt à la vue d'un appât, apprenez-lui à réagir à un signe de la main. Captez son attention, faites un geste clair, attendez un instant, puis incitez-le à s'asseoir comme au début.

rapport à vous *(p. 114-115)*. De la même manière, l'exercice sera plus efficace si vous multipliez les sources de distraction dans son environnement.

Si vous avez du mal à maintenir son attention durant les séances d'éducation, donnez-lui ses récompenses préférées *(p. 206-207)* pour soutenir son intérêt plus longtemps.

Pas de saut !
Si votre chien doit sauter pour atteindre la friandise, baissez votre main pour pouvoir l'appâter à la bonne distance.

3 △

Récompensez-le

Dès que son arrière-train touche le sol, donnez-lui la friandise et félicitez-le chaleureusement. Offrez-lui deux ou trois friandises de plus s'il reste assis.

Répondre au **rappel**

L'obéissance au rappel est un apprentissage fondamental. Il vous permet de promener votre chien sans laisse en toute sécurité et de lui laisser la liberté de courir et de se dépenser à volonté.

Les premières étapes de l'apprentissage du rappel, décrites ici, sont faciles. Une fois que votre chien les maîtrise, vous pouvez lui apprendre à venir au rappel à l'extérieur de la maison *(p. 146-149)*. Avoir un chien qui obéit quand vous l'appelez vous facilitera grandement la vie. Et savoir que vous pouvez le rappeler, même s'il est parti loin, vous permettra d'avoir l'esprit tranquille pour profiter pleinement de vos balades avec lui.

1 △

Appâtez-le

Commencez l'exercice dans un endroit qu'il connaît bien. Demandez à quelqu'un de tenir son collier pendant que vous lui montrez une friandise appétissante et lui faites renifler.

2 ▷

« Viens ! »

Éloignez-vous d'environ deux mètres et accroupissez-vous, les bras grands ouverts. Appelez votre chien d'un ton plein d'allant pour l'encourager à venir vous rejoindre.

3 ▽

Attirez-le vers vous

Quand votre chien répond à votre appel et se dirige vers vous, tendez-lui la friandise pour l'inciter à se rapprocher.

« **Offrez**-lui toujours une **récompense** intéressante. »

5 ▽

« Bon chien ! »

Lorsqu'il est à vos pieds, continuez de le tenir par le collier en lui offrant la friandise. Félicitez-le chaudement pour qu'il n'hésite pas à venir la prochaine fois.

4 △

Saisissez son collier

Attirez-le tout près de vous en tenant la friandise à hauteur de son nez et, de l'autre main, saisissez doucement son collier.

CONSEILS

Ne rappelez votre chien que si vous savez que vous avez toutes les chances de le faire venir immédiatement. Vous l'encouragez ainsi à prendre de bonnes habitudes. S'il ne vous obéit pas, utilisez une récompense plus attractive *(p. 106)*.

S'il est timide et craintif, tournez-vous sur le côté quand vous l'appelez et évitez de le regarder, cela risque de l'intimider.

Une fois qu'il a intégré l'exercice, évitez de l'appeler trop souvent ; ne l'appelez que quand vous avez quelque chose de vraiment intéressant à lui offrir.

Ne le réprimandez jamais, même s'il n'obéit pas au rappel immédiatement.

Gardez toujours la même voix (intonation et volume), même si vous l'appelez d'urgence, car il peut ne pas reconnaître une voix plus forte ou plus grave.

Le signal corporel
Les chiens apprennent facilement les signaux corporels – utiles si l'animal est trop éloigné pour vous entendre. Passez lentement de la position accroupie à la position debout.

Lui apprendre à se coucher

Si vous apprenez à votre chien à se coucher sur commande, vous pourrez le contrôler en toutes circonstances et la vie avec lui sera plus facile. Sachez que la position couchée est plus stable que la position assise quand vous voulez que votre chien reste immobile.

L'apprentissage de la position couchée fait partie des apprentissages de base et sert de tremplin à des exercices plus difficiles comme apprendre à rester tranquille *(p. 192-193)* et à se coucher à distance *(p. 152-153)*. Il est facile à enseigner, mais réclame de la patience au début pour inciter le chien à adopter la bonne position. Si vous le récompensez aussi souvent pour se coucher que pour s'asseoir, il fera les deux avec autant de facilité.

1. △

Attirez son attention

Trouvez un endroit calme et familier. Quand votre chien est assis (p. 122-123)*, incitez-le à baisser doucement la tête à l'aide d'une friandise. Laissez-le lécher et mordiller un petit coin de la friandise pour qu'il reste concentré.*

2. ▷

Incitez-le à se coucher

Continuez à déplacer lentement la friandise vers le sol. Si votre chien se déconcentre, recommencez et donnez-lui la friandise juste avant le moment où il s'est déconcentré. Sortez immédiatement une nouvelle friandise et répétez l'exercice.

CONSEILS

Quand vous lui apprenez le signal gestuel de la position couchée *(p. 110-111)*, faites un geste exagéré qui se termine par les doigts pointés vers le sol pour que votre chien puisse vous suivre des yeux.

Votre chien peut se sentir plus vulnérable en position couchée dans des situations qui l'insécurisent, par exemple dans des endroits fréquentés par des congénères.

Le signal gestuel S'il réagit à la technique de l'appât, apprenez-lui à se coucher à l'aide d'un signal gestuel. Captez son attention, faites un geste clair de la main, puis attendez quelques secondes avant de l'appâter avec une friandise.

Une fois qu'il a appris le signal gestuel de la position couchée, apprenez-lui à réagir à un signal verbal. Dites-lui « couché ! » avant de faire le geste de la main. Il va finir par se coucher au seul ordre verbal.

Par la suite, apprenez à votre chien à se coucher dans des endroits différents et dans des positions différentes par rapport à vous *(p. 114-115)*. Pour terminer, pratiquez cet exercice dans des lieux où les distractions sont nombreuses.

3 ◁

Récompensez-le

Dès que les coudes de votre chien touchent le sol, offrez-lui la friandise. Félicitez-le et récompensez-le par une friandise supplémentaire s'il reste couché pour lui faire comprendre que c'est ce que vous attendiez de lui.

« Demandez à votre chien de se **coucher uniquement** dans des endroits où il se sent **en sécurité**. »

Réessayez
Si votre chien reste debout, demandez-lui une nouvelle fois de s'asseoir, puis tenez la friandise plus éloignée de lui pour qu'il ait la place de se coucher sans avoir à reculer.

Faites-le passer sous le pont
Si vous avez du mal à lui apprendre à se coucher, faites un pont avec vos jambes et incitez-le à passer dessous. Il va être obligé de se coucher pour obtenir sa friandise.

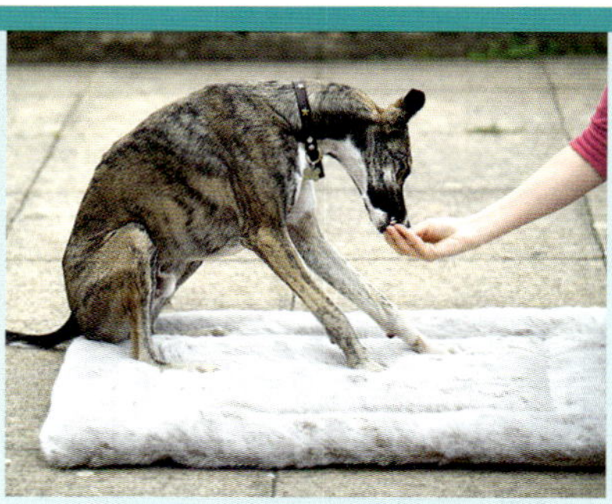

Pensez à son confort
Les chiens très longilignes, à poitrine étroite, ou dotés d'une pilosité peu abondante sur le ventre peuvent ne pas aimer se coucher sur des sols durs – prévoyez alors un tapis confortable.

Lui apprendre à attendre

L'attente est un exercice facile qui vous permettra de faire attendre votre chien dans la position désirée pendant que vous faites autre chose, par exemple que vous posez sa gamelle au sol ou ouvrez la porte pour sortir.

N'apprenez à votre chien à attendre que s'il sait parfaitement s'asseoir *(p. 122-123)*. Ce n'est pas un exercice très intéressant pour lui, car il n'a rien à faire, alors profitez d'un moment où il est fatigué et donc content de rester assis. Une fois qu'il a compris que tout ce qu'il doit faire pour être récompensé est de ne pas bouger, vous pouvez lui apprendre à attendre en vous déplaçant autour de lui.

1 ◁

« Assis ! », puis « attends ! »

Faites asseoir votre chien et, quand il est attentif, dites-lui « attends ! » en accompagnant votre ordre d'un signal gestuel. S'il bouge, recommencez en déplaçant votre main plus lentement. Un signal gestuel trop rapide est souvent inopérant.

2 ▽

Récompensez-le

Donnez-le une friandise s'il reste immobile. Répétez l'exercice, puis attendez quelques secondes avant de le récompenser. Pendant les séances suivantes, augmentez peu à peu la durée de la pause jusqu'à deux minutes.

« Ne laissez **jamais** votre chien en **position d'attente** dans un endroit potentiellement **dangereux**. »

3

Reculez lentement

Donnez votre signal verbal ou gestuel, puis reculez lentement d'un pas avant de revenir vers votre chien et de le récompenser. S'il bouge, repositionnez-le et répétez l'exercice, mais en reculant plus lentement.

4

Déplacez-vous autour de lui

Au fil des séances, éloignez-vous de plus en plus de lui. Faites attention en vous déplaçant derrière lui, car les chiens ont tendance à bouger quand ils ne peuvent plus suivre des yeux leur maître.

5

Augmentez la distance

Une fois que votre chien sait parfaitement ce qu'il doit faire (rien !), vous pouvez continuer de vous éloigner. Mais n'oubliez jamais de revenir vers lui pour le récompenser – il doit comprendre qu'il doit rester là pour recevoir ses friandises.

CONSEILS

Une fois que votre chien sait ce que vous attendez de lui, vous pouvez lui demander d'attendre dans un contexte précis, par exemple devant la porte *(p. 194-195)*. Veillez toujours à le récompenser comme il faut pendant qu'il attend sagement avant de le laisser sortir. Sinon, il risque d'associer la récompense au moment où vous le lâchez et d'être trop impatient pour attendre.

Le signal gestuel
L'attente est l'un des seuls exercices où vous donnez dès le départ un signal gestuel. Au début, faites des gestes de la main lents et calmes.

Le faire attendre couché
Vous pouvez aussi apprendre à votre chien à attendre couché *(p. 126-127)*. La position couchée est souvent plus stable.

Savoir **se mettre debout**

Un chien doit apprendre à se mettre debout sur commande. Chez le vétérinaire, par exemple, s'il sait rester sagement debout, il pourra être examiné et traité beaucoup plus facilement.

La position debout est utile dans de nombreuses situations : si vous envisagez de faire participer votre chien à des expositions, quand vous voulez lui mettre un harnais ou quand vous avez besoin d'essuyer ses pattes boueuses.

Avant de lui apprendre à se mettre debout, veillez à ce qu'il sache s'asseoir sur commande *(p. 122-123)*.

1 ▷

Attirez-le

Alors que votre chien est assis, présentez-lui une friandise appétissante qu'il puisse lécher et mordiller, puis éloignez-la lentement pour l'obliger à avancer.

2 △

Faites-le bouger

Alors que votre chien étire son cou en avant pour tenter de saisir la friandise, continuez d'éloigner lentement la récompense pour l'inciter à se lever.

CONSEILS

Éloignez la friandise pour l'inciter à se mettre debout, mais rapprochez-la rapidement de son nez dès qu'il s'est levé pour l'empêcher d'avancer.

Dites-lui « debout ! » en lui montrant la friandise. Quand vous lui avez appris le signal gestuel, faites une pause entre le signal verbal et le signal gestuel pour lui donner le temps de réagir uniquement au signal verbal.

Le signal gestuel
Une fois que votre chien se met debout de manière systématique, introduisez le signal gestuel en exagérant son amplitude au cours des premières séances *(p. 110-111)*.

Pratiquez cet exercice dans des endroits différents, avec votre chien dans différentes positions par rapport à vous *(p. 114-115)* et dans des environnements de plus en plus stimulants.

Les chiens d'exposition doivent rester debout longtemps. Si vous avez un chien d'exposition, faites de la position debout – et non assise – la position par défaut. Incitez votre chien à rester de plus en plus longtemps debout avant de le récompenser pour l'habituer à garder la position.

3

Félicitez-le

Dès qu'il est debout et avant qu'il avance, offrez-lui sa friandise et félicitez-le avec enthousiasme. Au fil des séances, répétez l'exercice en introduisant un signal gestuel (légende en bas à gauche).

Marcher au pied en laisse (1)

C'est l'un des exercices les plus difficiles, mais quand vous voyez votre chien marcher au contact sans tirer sur sa laisse, quelle satisfaction ! Suivez les étapes décrites ici et aux pages 134-135 et montrez-vous très patient.

Les promenades régulières sont indispensables au bien-être physique et mental du chien et de son maître. L'apprentissage de la marche au pied en laisse doit se faire le plus tôt possible – un chien qui marche tranquillement sans tirer sur sa laisse est un vrai plaisir à sortir. Une fois que votre animal maîtrise l'exercice, pratiquez-le dans les endroits les plus divers en veillant à multiplier les sources de distraction.

> « **Augmentez** progressivement le **nombre de pas** au fil des séances. »

1 △

Positionnez-le correctement

Tenez la laisse dans votre main droite et près du corps. Appâtez votre chien en lui montrant la friandise que vous tenez dans la main gauche pour l'inciter à venir se positionner près de votre jambe gauche. Récompensez-le quand il est en place.

2 ▽

« Au pied ! »

Montrez-lui une nouvelle friandise et levez-la au-dessus de sa tête pour qu'il la suive des yeux. Attirez son attention en prononçant son nom et dites-lui « au pied ! ».

CONSEILS

Au début de chaque séance, récompensez votre chien au bout d'un seul pas pour qu'il aime à marcher à vos côtés.

Une fois la leçon apprise, introduisez le signal gestuel *(ci-contre)* avant de faire un premier pas. Si votre chien va trop vite, arrêtez-vous et incitez-le à reprendre sa place en l'appâtant avec une friandise avant de repartir.

Le signal gestuel
Apprenez à votre chien à réagir à un signal gestuel *(p. 110-111)*. Une main posée à plat sur la hanche est un signal suffisamment clair.

Au début, choisissez de quel côté vous voulez faire marcher votre chien et ne changez pas d'avis. Sinon, il risque d'être troublé. Ensuite, vous pourrez lui apprendre à marcher de l'autre côté.

Au départ, il est difficile de coordonner la laisse, les friandises et le chien ! Si nécessaire, arrêtez-vous et repositionnez votre chien, puis récompensez-le quand il adopte la bonne position. N'avancez que quand vous êtes prêt.

3 △

Avancez d'un pas et récompensez-le

Avancez d'un pas et, si votre chien vous suit, donnez-lui la friandise et félicitez-le. Répétez l'exercice en le récompensant au bout de deux pas, puis de trois, et ainsi de suite.

4

Augmentez le nombre de pas

Au fil des séances, augmentez progressivement le nombre de pas et n'oubliez pas les récompenses.

La bonne longueur

La laisse doit être suffisamment lâche quand vous la tenez à hauteur de hanche, mais ne doit pas toucher le sol.

Interdit de sauter !

S'il saute pour avoir sa friandise, tenez-la plus haut et continuez de marcher jusqu'à ce qu'il s'arrête de sauter avant de le récompenser.

Dans la bonne main

Si vous tenez la laisse de la main droite, prenez la friandise de la main gauche pour l'empêcher de vous faire une queue de poisson !

Marcher au pied en laisse (2)

Apprendre à son chien à ne pas tirer sur sa laisse fait partie de l'apprentissage de la marche au pied. Mais avant cela, assurez-vous que votre compagnon sait parfaitement marcher au pied en laisse.

À chaque fois que vous emmenez votre chien dans un nouvel endroit stimulant, il risque d'être distrait par un environnement qu'il ne connaît pas, des odeurs inhabituelles... Avant de pouvoir lui apprendre à ne pas tirer sur sa laisse, quel que soit l'endroit, vous devez lui avoir appris à marcher au pied en laisse *(p. 132-133)*. Commencez l'exercice en marchant normalement en le tenant en laisse.

1 △

Marchez normalement

Marchez normalement jusqu'à ce que votre chien commence à tirer sur sa laisse. Ne changez pas la position de la main qui tient la laisse – celle-ci doit garder la même longueur.

2 ▽

Arrêtez-vous brusquement

Observez attentivement la laisse et arrêtez-vous brusquement quand elle est tirée au maximum. Gardez vos mains contre votre corps et résistez à la traction de votre chien.

3 △

Incitez-le à revenir sur ses pas

Restez immobile et attirez son attention avec une friandise. Incitez-le à revenir à hauteur de votre jambe gauche et à se tourner dans le sens de la marche. Une fois qu'il est en place, donnez-lui la friandise et félicitez-le avec enthousiasme.

4 ▽

Soyez vigilant

Soyez à l'affût des distractions susceptibles de le pousser à tirer sur sa laisse, par exemple la vue de congénères, et arrêtez-vous si nécessaire. Si vous vous immobilisez soudainement et incitez votre chien à se repositionner correctement à chaque fois qu'il vous dépasse, il va vite comprendre que son comportement n'est pas gratifiant.

5 ▷

Détendez-vous

Pratiquez l'exercice aussi longtemps que nécessaire. S'il oublie les bonnes manières et se met à tirer, arrêtez-vous et repositionnez-le aussitôt. Récompensez-le quand il s'efforce de rester à hauteur de votre jambe. Vous pouvez alors relâcher vos mains et donner plus de liberté à votre animal.

CONSEILS

Il faut du temps et de la patience pour apprendre à son chien à ne pas tirer sur sa laisse en promenade. Faites preuve de patience et attendez-vous à vous arrêter beaucoup au cours de votre première balade ! Quand votre chien verra que son comportement n'est pas gratifiant, vous vous arrêterez moins souvent.

Défoulement préalable
Il est plus facile d'apprendre la marche au pied en laisse à un chien qui vient de se dépenser physiquement. Faites-le courir avant la séance.

L'importance de la pratique
La marche en laisse réclame beaucoup de pratique. Si vous n'avez pas le temps, utilisez un harnais ou un collier autour du museau.

Rapporter un jouet (1)

Une fois que votre chien sait jouer, vous pouvez lui apprendre à rapporter des jouets sur commande. L'avantage ? Ce n'est plus vous, mais lui, qui fera de l'exercice ! Commencez par l'exciter avec son jouet favori.

Comment lui apprendre à rapporter un objet ? Stimuler son enthousiasme et l'exciter avec son jouet favori. Dès qu'il sait comment courir après un jouet et le ramasser, vous pouvez lui demander de vous le rapporter *(p. 138-139)*. Suivez les étapes décrites ci-dessous et pratiquez l'exercice sur plusieurs séances jusqu'à ce que votre compagnon démarre au quart de tour pour aller chercher le jouet que vous lui avez lancé.

1 △

Faites monter l'excitation

Mettez-vous à jouer avec l'un de ses jouets préférés. Amusez-vous vraiment et manifestez un maximum d'enthousiasme pour faire monter son excitation. Faites bouger le jouet sans arrêt pour lui donner envie de jouer avec.

2 ▷

Lancez le jouet

Une fois qu'il est excité, lancez le jouet pour l'inciter à courir après et à l'attraper. Au départ, il est préférable d'organiser cet exercice dans un cadre familier et calme où le chien ne risque pas de se laisser distraire.

3 △

« Bon chien ! »

Dès que votre chien ramasse le jouet, félicitez-le jusqu'à ce qu'il le lâche. Ne touchez pas au jouet. S'il se dirige vers vous, félicitez-le et caressez son dos en évitant la tête et le cou.

4 ▷

Il lâche le jouet

S'il lâche le jouet, cessez de le féliciter. Soit encouragez-le à le ramasser en le pointant du doigt et en l'excitant, soit ramassez-le vous-même et répétez les étapes 1 et 2.

CONSEILS

Certains chiens aiment posséder un jouet, d'autres préfèrent courir après. Essayez de connaître les goûts de votre animal pour rendre le jeu très amusant pour lui.

Cachez les jouets que vous utilisez pour lui apprendre à rapporter, pour qu'il ne joue pas avec au quotidien et s'en lasse.

N'exercez aucun contrôle sur votre animal. Par exemple, ne lui demandez pas de s'asseoir au préalable. Essayez juste de l'exciter au maximum pour lui donner envie de jouer.

Votre attitude au cours de l'exercice est importante. Vous devez lui montrer que vous vous amusez aussi. Soyez de très bonne humeur et débordant d'énergie !

Un enthousiasme égal
Quel que soit l'endroit où vous vous trouvez, faites monter l'excitation chez votre chien à un même niveau.

Rapporter un jouet (2)

Quand vous voyez que votre chien joue comme un fou avec son jouet en le gardant dans sa gueule, apprenez-lui à vous le rapporter. Cet exercice est la suite logique du précédent et introduit l'ordre « lâche ! ».

Apprendre à rapporter un objet est une préparation à des exercices plus difficiles tel le rappel en poursuite *(p. 154-155)*. Même si certains chiens rapportent plus facilement que d'autres, tous peuvent apprendre le rapport d'objet avec un entraînement suffisant. Surtout, soyez très patient pour éviter de forcer votre chien à lâcher le jouet s'il n'est pas prêt à le faire – il risque de vous éviter par la suite.

1 △

Encouragez-le à rapporter

Lancez un jouet et encouragez votre chien à le ramasser. Puis reculez avec enthousiasme en essayant de l'attirer vers vous.

« Bon chien ! »

2 ◁

Félicitez-le chaleureusement

Restez immobile et laissez votre chien venir vers vous. Caressez-le sur le corps en évitant la tête et le cou. Continuez de le féliciter jusqu'à ce qu'il commence à se désintéresser de son jouet.

3 ▽

Utilisez une longe

Si votre chien refuse de venir vous rejoindre avec son jouet dans sa gueule, utilisez une longe pour l'inciter doucement à avancer vers vous.

« Ne **courez jamais** après un chien pour **récupérer** un jouet. »

« Lâche ! »

4 ◁
Incitez-le à le lâcher
Une fois que votre chien vient vous rejoindre aussitôt avec son jouet dans sa gueule, apprenez-lui à le lâcher sur commande. Attirez-le avec un autre jouet ou offrez-lui une friandise. En même temps, dites-lui « lâche ! » en pointant votre index vers le sol et attendez qu'il se décide.

5 △
Félicitez-le
Dès qu'il lâche le jouet, félicitez-le, puis lancez-lui le premier jouet pour qu'il le rapporte ou donnez-lui la friandise en continuant de le féliciter.

CONSEILS

Si votre chien vient vers vous avec le jouet dans sa gueule, n'essayez pas de le lui prendre. Il va vouloir protéger son « trésor », surtout si vous lui avez pris à une précédente occasion. C'est le contraire qu'il faut faire : le mettre en confiance pour l'inciter à vous le rapporter calmement et à le lâcher de son plein gré.

Ne courez jamais après un chien pour récupérer son jouet. Vous avez peu de chance de le rattraper.

Si vous avez attaché une longe à votre chien durant cet exercice, ayez des gestes doux pour l'inciter à venir vers vous gentiment et pour éviter de vous prendre les pieds dans la longe. Assurez-vous qu'il n'y a pas d'autres chiens à proximité.

Ne le forcez pas
L'apprentissage du rapport exige beaucoup de patience, ne prenez le jouet dans la gueule de votre chien contre sa volonté.

Aller plus loin

Une fois que votre chien vous rapporte systématiquement ses jouets, vous pouvez aller plus loin en lui apprenant à attendre pendant que vous lui lancez un jouet, à vous rapporter le jouet dans la main au lieu de le lâcher par terre et à ramasser d'autres objets que des jouets.

Apprenez à votre chien à attendre quelques instants pendant que vous lui lancez un jouet, vous le contrôlerez mieux. Il est aussi plus agréable de jouer avec un chien qui rapporte ses jouets directement dans votre main.

Enfin, l'apprentissage du rapport d'objets immobiles est une préparation à des exercices intéressants comme porter les courses *(p. 176-177)*, apporter la laisse *(p. 178-179)* et ranger les jouets *(p. 180-181)*.

1 △

Faites-le attendre

Passez un bout de corde à travers le collier de votre chien et tenez les deux extrémités. Donnez-lui un signal gestuel clair et demandez-lui d'attendre (p. 128-129). *Lancez le jouet à une courte distance. Retenez votre animal par la corde s'il tente de s'élancer vers le jouet.*

2 ▽ ▷

« Rapporte ! »

Une fois que le jouet a atterri, dites à votre chien de le rapporter en lâchant la corde pour lui permettre de courir après le jouet.

« **Félicitez** toujours votre chien quand il vous rapporte **quelque chose.** »

◁ ***« Va chercher ! »***
Commencez par lui lancer un objet pour qu'il le rapporte, puis posez l'objet par terre et demandez-lui de vous le rapporter.

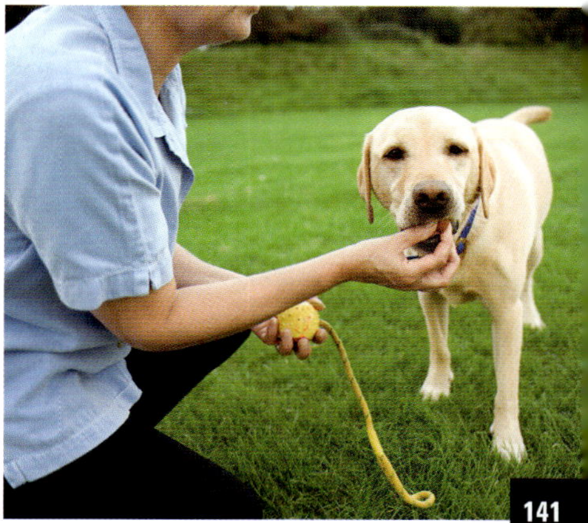

△ ***Un échange appétissant***
Pour lui apprendre à vous rapporter l'objet dans la main, demandez-lui de venir à vos pieds et félicitez-le. Ensuite, offrez-lui une friandise d'une main et placez l'autre main sous sa gueule pour recevoir le jouet.

◁ ***Jouez !***
Pour lui apprendre à ramasser autre chose qu'un jouet, attachez quelque chose de mou à cet objet pour qu'il ait la même sensation. Excitez-le et entamez une belle partie de jeu.

CONSEILS

Quand vous lui demandez pour la première fois d'attendre avant d'aller chercher le jouet, veillez à ce qu'il se soit déjà dépensé et lancez-lui un jouet peu excitant à une courte distance. Petit à petit, apprenez-lui à attendre même quand il déborde d'énergie et meurt d'envie de s'élancer à la poursuite du jouet.

« Cherche et rapporte ! » Vous pouvez entraîner votre chien à rapporter toutes sortes d'objets dans des environnements différents, par exemple retrouver un trousseau de clés dans un champ.

S'il lâche la balle avant que vous puissiez la prendre dans votre main, redemandez-lui de vous la rapporter. Félicitez-le tant qu'il garde la balle dans sa gueule. Puis essayez un échange appétissant *(ci-dessus)* – sa balle contre une délicieuse friandise. Il va vite comprendre qu'il n'obtiendra sa friandise que s'il lâche la balle directement dans votre main.

4

Parfaire l'éducation

Exercices plus difficiles

Bien élevé, bien dans sa peau

Les tâches ménagères

Les bonnes manières

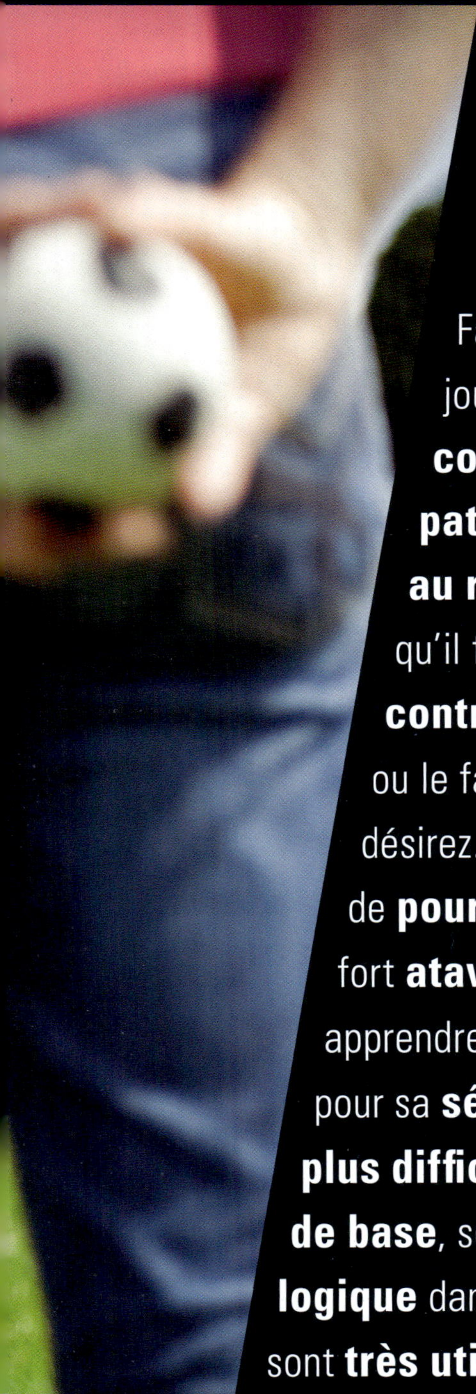

Exercices plus difficiles

Faire faire des **promenades** et des **exercices** journaliers à un chien qui a reçu une **éducation complète** est un réel **plaisir**. Armez-vous de **patience** pour **apprendre** à votre chien à **obéir au rappel**, même s'il est très absorbé par ce qu'il fait, sent ou voit autour de lui. Vous devez le **contrôler**, c'est-à-dire **l'empêcher de courir** ou le faire **revenir immédiatement** quand vous le désirez. Mais aussi lui faire **perdre son habitude** de **pourchasser** s'il possède un fort **atavisme de chasseur** et lui apprendre à **s'asseoir à distance** pour sa **sécurité**. Ces exercices, **plus difficiles** que les **exercices de base**, sont une progression **logique** dans l'apprentissage et sont **très utiles** au quotidien.

LA MISE EN SITUATION
Les exercices éducatifs doivent être appliqués à des situations réelles et à des contextes divers pour que le chien adopte un comportement adapté en toutes circonstances.

Obéir au **rappel** (1)

Une fois que vous avez appris à votre chien à venir au rappel dans un environnement dépourvu de stimuli *(p. 124-125)*, il est temps de lui apprendre à obéir systématiquement, quoi qu'il fasse et où qu'il soit.

L'apprentissage du rappel en toutes circonstances est très utile, notamment pour la sécurité de votre chien. En effet, un chien adore explorer son environnement et saluer ses congénères en promenade, et vous devez pouvoir le rappeler rapidement si nécessaire. N'oubliez pas de le récompenser généreusement durant les séances d'éducation pour qu'il associe cet exercice à des expériences positives.

1 △

Faites-le jouer

Demander à un(e) ami(e) de jouer avec votre chien en l'excitant avec son jouet préféré à quelques mètres de vous.

« Viens ! »

2 ◁

Interrompez le jeu

Rappelez votre chien d'une voix forte pour interrompre le jeu. Dès que votre ami(e) vous entend, il (elle) doit cesser de jouer avec le jouet et le dissimuler.

3 ▽

Félicitez-le

Continuez de rappeler votre chien jusqu'à ce qu'il arrive à vos pieds. Quand il s'arrête devant vous, félicitez-le et offrez-lui une friandise.

« Pratiquez cet exercice **chez vous**, puis en **promenade** jusqu'à ce que votre chien **obéisse systématiquement** au rappel. »

4

Laissez-le repartir

Si votre chien a obéi au rappel, laissez-le repartir jouer pour qu'il comprenne que venir vous voir est une interruption agréable et non la fin de sa partie de jeu.

5

Répétez l'exercice

Au bout de quelques séances, il va comprendre que le jeu ne peut pas se poursuivre tant qu'il n'a pas obéi au rappel. Il va donc cesser de jouer dès que vous allez le rappeler.

CONSEILS

Durant les premières séances, pratiquez le rappel quand votre ami(e) tient le jouet sans que le chien le touche. Peu à peu, à mesure qu'il obéit de plus en plus facilement, rappelez-le quand il tient le jouet dans sa gueule ou entre ses pattes.

Organisez des séances courtes pour garder votre chien en éveil. Ayez ses friandises préférées en réserve, car il mérite d'être récompensé à chaque fois qu'il interrompt une partie de jeu follement amusante.

En cas d'échec, rendez le jeu moins excitant et munissez-vous de friandises encore plus appétissantes *(p. 108)*... Bien que certains chiens préfèrent un jeu plus excitant en récompense de leur obéissance.

Ménagez-le

Cet exercice impliquant une grosse dépense d'énergie, organisez des séances d'éducation courtes pour ne pas épuiser votre chien, surtout s'il fait très chaud.

Obéir au rappel (2)

Une fois que votre chien revient rapidement vers vous alors qu'il jouait avec l'un de ses jouets, la prochaine étape consiste à lui apprendre à obéir au rappel alors qu'il est très absorbé à renifler des odeurs intéressantes ou à jouer avec des congénères.

Vous contrôlerez votre chien, quoi qu'il soit en train de faire. Il pourra se promener en toute sécurité et avec une liberté plus grande. Commencez par des stimuli extérieurs auxquels il se soustraira assez facilement, par exemple renifler des odeurs, et, au début, ne le rappelez que si vous avez de bonnes chances de le faire revenir. Par la suite, apprenez-lui à revenir en le soumettant à des stimuli de plus en plus irrésistibles !

△ ***Captez son attention***
Attendez que votre chien s'intéresse vraiment à une odeur, puis rappelez-le d'une voix enthousiaste en vous éloignant de lui. Essayez de capter son attention par tous les moyens. S'il vous obéit, récompensez-le généreusement.

▷ ***Veillez à sa sécurité***
Si votre chien n'est pas encore bien éduqué ou s'il se trouve dans un endroit potentiellement dangereux, utilisez une longe de dressage pour l'éduquer en toute sécurité. Évitez de vous prendre les pieds dedans.

CONSEILS

Offrez-lui ses friandises favorites, car vous aurez ici fort à faire pour attirer son attention, accaparée par des stimuli très excitants.

Certains chiens préfèrent les jeux avec des jouets aux friandises. Alors utilisez sa récompense favorite et n'oubliez pas de le féliciter comme il faut s'il obéit au rappel.

Prenez une longe de dressage
Si votre chien refuse de quitter ses congénères, faites-le revenir avec une longe de dressage, récompensez-le, puis laissez-le repartir jouer.

Au début, rappelez votre chien quand vous êtes près de lui – il sera plus susceptible de vous obéir. Quand vous voyez qu'il revient plus rapidement, rappelez-le de plus loin, puis augmentez le nombre de stimuli et variez-les pour accroître la difficulté de l'exercice.

1
Laissez-le jouer
Si votre chien s'amuse avec un congénère, vous avez peu de chance de vous faire obéir durant les premières minutes de jeu. Attendez que l'excitation soit retombée.

2
Rappelez-le
Essayez de le rappeler d'une voix forte et enthousiaste lorsqu'il est plus réceptif. Éloignez-vous en secouant le sac de friandises ou en appuyant sur un jouet qui fait du bruit pour attirer son attention.

3
Récompensez-le
Récompensez votre chien s'il obéit au rappel en lui proposant ses friandises préférées, son jeu favori et de vives félicitations. Vous avez ainsi toutes les chances de le faire obéir la prochaine fois. Puis laissez-le retourner jouer avec son copain.

Le garder sous contrôle

Apprenez à votre chien à revenir auprès de vous pendant la promenade avant de l'autoriser à courir vers des étrangers ou des congénères. Ainsi, vous le garderez sous contrôle en toutes circonstances et éviterez les problèmes potentiels.

Avant d'apprendre cet exercice, votre chien doit maîtriser parfaitement l'obéissance au rappel *(p. 124-125)*.
Un maître capable de garder son chien sous contrôle le protège de congénères potentiellement dangereux et l'empêche d'effrayer sans le vouloir des gens ou d'autres animaux craintifs.

« **Rappelez** votre chien si vous voyez **approcher** des **congénères** ou des **personnes inconnues.** »

1 △

Un chien sociable

Un chien bien socialisé va vouloir s'élancer vers des congénères et leurs propriétaires pour les saluer.

2 ▷

Rappelez-le

Avant que votre chien s'approche trop près du congénère et de son maître, rappelez-le auprès de vous. S'il ne revient pas aussitôt, faites-lui travailler cet exercice en le rappelant dès que vous voyez un autre chien ou une personne approcher.

3 ▷

« Bon chien ! »

Si votre chien vous obéit, félicitez-le avec effusion et offrez-lui ses friandises préférées ou son jeu favori. Pensez toujours à le récompenser suffisamment.

4 ◁

Laissez-le aller

Si vous contrôlez parfaitement la situation, vous pouvez laisser votre chien aller saluer le congénère et son maître. Il est préférable que les deux chiens se rencontrent sans laisse et se reniflent à volonté.

CONSEILS

L'apprentissage de cet exercice est particulièrement utile si votre chien est de grande taille, intimidant, ou extraverti.

Pratiquez cet exercice jusqu'à ce qu'il revienne systématiquement au rappel à l'approche d'un congénère ou d'une personne.

Il est préférable que les chiens se rencontrent sans laisse et que l'entrevue se passe le plus naturellement possible. Mais si l'autre chien est attaché, mettez une laisse au vôtre pour l'empêcher de faire peur à son congénère. De même, si votre animal est susceptible de sauter sur des gens pour les saluer, attachez-le pour contrôler ses mouvements et l'empêcher d'effrayer les personnes qu'il rencontre.

Ignorer le stimuli
Si vous souhaitez éviter une rencontre, gardez votre chien en laisse et focalisez son attention sur vous le temps que le stimuli extérieur ait disparu.

S'asseoir à distance

Une fois que votre chien sait s'asseoir sur commande, vous n'aurez aucun mal à lui apprendre à s'asseoir à distance, un bon moyen de l'obliger à s'arrêter quand il est loin de vous et de le protéger en cas de danger.

N'apprenez cet exercice à votre chien que quand il s'assied systématiquement sur commande *(p. 122-123)*, soit devant, soit à côté de vous, dans tous les environnements et en présence de stimuli extérieurs *(p. 114-115)*. Il peut être un peu désorienté au départ, car il était jusque-là récompensé pour s'asseoir près de vous, alors soyez patient et donnez-lui le temps de comprendre ce que vous attendez de lui.

1 ◁

Demandez-lui de s'asseoir

Alors que votre ami(e) tient le chien en laisse, mettez-vous debout devant lui et demandez-lui de s'asseoir. Accompagnez votre ordre du signal gestuel et récompensez-le dès qu'il s'assied.

2 ▽

Éloignez-vous

Éloignez-vous de quelques pas et répétez l'étape 1.

CONSEILS

Vous pouvez vouloir que votre chien s'arrête sur-le-champ et sache s'asseoir à distance en cas d'urgence – par exemple, s'il a effrayé quelqu'un ou si une voiture arrive. D'où l'intérêt de cet apprentissage. N'oubliez jamais de le récompenser quand il s'assied pour qu'il apprenne à rester dans cette position.

Commencez à pratiquer cet exercice dans un lieu tranquille et dénué de stimuli extérieurs. Petit à petit, passez à des endroits où votre compagnon aura plus de mal à se concentrer.

Vous pouvez apprendre à votre chien à se coucher à distance de la même façon. C'est une position plus stable pour certains chiens.

« Stop ! »
Vous devez être capable d'obliger votre chien à s'arrêter en présence d'un danger ou quand il vous semble risqué de le rappeler.

« La position **assise à distance** peut être utile en cas d'**urgence.** »

3 △

Appâtez-le sans le récompenser

Si votre chien ne vous obéit pas à distance, demandez à votre ami(e) de l'inciter à s'asseoir en lui montrant une friandise (p. 122-123) *sans la lui donner.*

4 ▷

Récompensez-le

Approchez-vous rapidement pour le récompenser. Il ne va pas tarder à comprendre que vous le récompensez quand il s'assied.

5 ▽

Répétez l'exercice

Au fil des séances, apprenez à votre chien à s'asseoir en vous éloignant de plus en plus de lui. Vous finirez par ne plus avoir besoin de l'assistance d'un(e) ami(e).

Le **rappel** en **poursuite**

Vous devez pouvoir rappeler votre chien en poursuite pour le contrôler parfaitement s'il n'est pas attaché. Commencez l'exercice en le faisant courir après des jouets, puis passez à d'autres objets.

Cet apprentissage est important pour tous les chiens, mais surtout ceux qui ont gardé un fort instinct de chasseur. Commencez par apprendre à votre compagnon à aller chercher des jouets et à vous les rapporter systématiquement avant de pratiquer l'exercice en situation réelle, par exemple à proximité de cyclistes ou d'autres animaux, pour avoir la certitude de le contrôler parfaitement en cas de nécessité.

1 △

Trouvez un(e) assistant(e)

Au début, faites-vous aider. Demandez à une personne de se mettre face à vous à une distance où elle peut attraper facilement une balle que vous lui lancez.

2 ▷

Lancez la balle

Excitez votre chien avec la balle, puis lancez-la à la personne en face de vous pour inciter votre chien à courir après.

3 ▽

Empêchez-le de l'attraper

Une fois sur cinq et de façon irrégulière, vous devez crier « laisse ! » au moment où vous lancez la balle – votre assistant(e) saura qu'il (elle) doit l'attraper et la cacher.

« **Dès que** la balle **quitte** vos mains, criez **"laisse !"** ».

4 △

Lancez une autre balle

Quand votre chien se retourne vers vous, perplexe, pour que vous l'aidiez à trouver la balle, attirez son attention avec sa balle préférée et lancez-la dans la direction opposée à la précédente pour l'inciter à courir après.

CONSEILS

N'empêchez votre chien de courir après la balle qu'une fois sur cinq. Si vous l'empêchez trop souvent, il risque de se décourager.

N'épuisez pas votre chien. Ne le faites pas courir plus d'une vingtaine de fois par séance et tenez compte à la fois de sa forme physique et du temps qu'il fait. De toute façon, vous ne l'empêchez d'attraper la balle que quatre fois sur vingt, ce qui rend cet apprentissage assez long. Alors montrez-vous patient.

Dès que votre chien a appris à cesser de pourchasser un jouet sur commande, élargissez l'exercice à d'autres environnements et d'autres « cibles » de poursuite – par exemple les joggeurs ou les cyclistes. Utilisez une longe par mesure de sécurité tant que cet apprentissage n'est pas maîtrisé.

« Stop ! »
Apprenez à votre chien à s'arrêter sur commande lorsqu'il court après le jouet dans votre direction. Faites un pas en avant et criez-lui « stop ! ». Dès qu'il s'arrête, lancez-lui un autre jouet.

Multiplier les **stimuli** extérieurs

Une fois que votre chien maîtrise parfaitement les exercices de base à la maison, apprenez-lui à vous obéir dans des contextes variés et en présence de différentes stimulations. À mesure qu'il progresse, confrontez-le à des stimuli de plus en plus irrésistibles.

Bien sûr, l'apprentissage doit débuter chez vous, dans un endroit tranquille où il se sentira en sécurité. Mais si c'est le seul endroit où vous éduquez votre chien, c'est le seul endroit où il agira comme il faut ! Or un chien doit se comporter correctement partout, même si le cadre est très stimulant.

◁ ***Difficile de résister !***
Obtenir et maintenir l'attention de votre chien alors que des congénères jouent à proximité réclame de la pratique. Au début, veillez à ce qu'il soit assez loin des autres chiens et utilisez des récompenses pour qu'il résiste à l'envie d'aller jouer avec eux. Puis rapprochez-le peu à peu des stimuli.

▽ ***Reprenez les bases***
Même si votre chien sait marcher au pied sans tirer sur sa laisse, n'espérez pas ce type de comportement en présence d'un congénère. Reprenez les bases *(p. 132-135)* *pour le ramener dans le droit chemin !*

◁ ***Attendre pour saluer les visiteurs***
En présence de visiteurs, gardez-le en laisse et dites-lui de s'asseoir et d'attendre tant que vous ne l'autorisez pas à les saluer. Pratiquez l'exercice avec des amis jusqu'à ce qu'il soit bien intégré.

« De nombreux maîtres **n'éduquent** leur chien que **dans un seul lieu** – en général chez eux. **Résultat**: leur animal n'**obéit pas** ailleurs. »

▷ ***La sécurité en voiture***
Apprenez-lui à s'asseoir et à attendre systématiquement quand le coffre ou les portières de la voiture sont ouverts. Un accident est vite arrivé.

▽ ***En présence d'un public***
Si vous demandez à votre chien d'exécuter un exercice ailleurs que d'habitude et en présence de spectateurs, il risque de tout oublier. Alors soyez patient et reprenez les bases.

CONSEILS

Quand vous commencez à l'éduquer dans un endroit différent et stimulant, pensez à repartir de zéro, comme si vous lui appreniez les exercices pour la première fois. Soyez patient et cohérent. Si nécessaire, retournez provisoirement dans un cadre moins stimulant pour faciliter sa concentration.

Si votre chien est stressé de travailler dans certains environnements, prenez le temps de l'habituer à ces nouveaux lieux pour qu'il s'y sente à l'aise et puisse y apprendre sans crainte.

Obéir aux proches
Votre chien peut obéir à vos ordres, mais pas à ceux de vos proches. Ces derniers devront donc l'éduquer eux-mêmes avant qu'il leur obéisse.

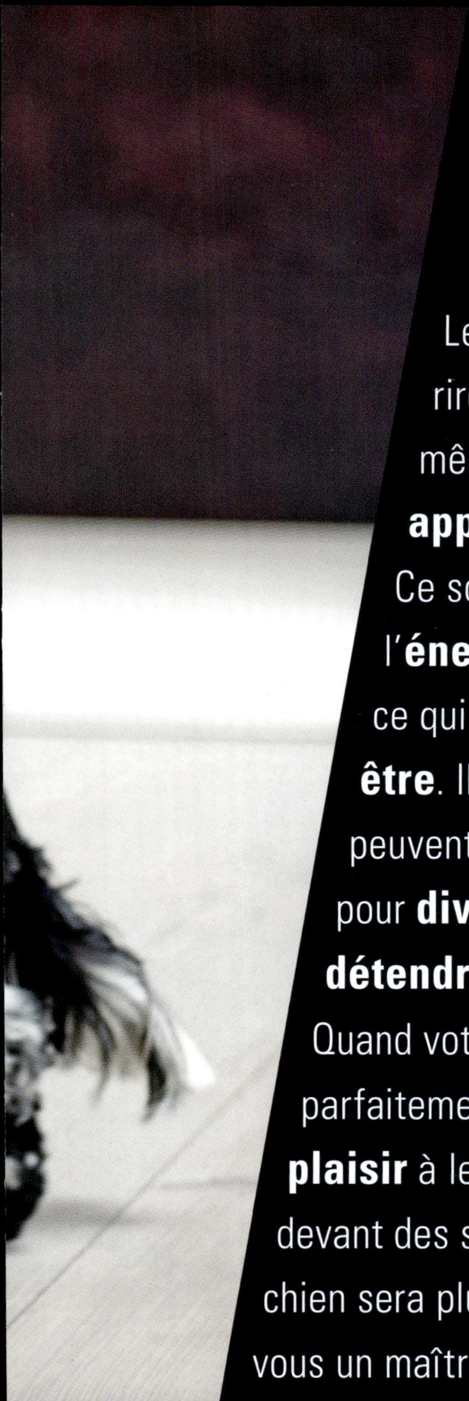

Bien élevé, bien dans sa peau

Les chiens **adorent** voir leur maître **s'amuser**, rire et s'enthousiasmer… Votre animal et vous-même allez passer de **très bons moments** à **apprendre les tours** proposés dans ce chapitre. Ce sont des **exercices** amusants qui mobilisent l'**énergie mentale** du chien et lui donnent un **but**, ce qui contribue à sa **satisfaction** et à son **bien-être**. Ils font **forte impression** devant un public et peuvent être intégrés à une **séance d'éducation** pour **diversifier** le travail et **détendre l'atmosphère.** Quand votre chien **maîtrisera** parfaitement ces tours, il aura **plaisir** à les réaliser, notamment devant des spectateurs ! Votre chien sera plus **polyvalent**, et vous un maître plus **compétent**.

BRAVO !
Une fois que les chiens maîtrisent un tour à la perfection, ils ont plaisir à le réaliser, surtout si leurs efforts sont largement récompensés.

Le salut de la patte

L'exercice est facile à apprendre aux chiens. Le salut de la patte peut rendre un grand chien plus sympathique et moins intimidant pour les enfants ; il constitue aussi une façon très appréciée de dire au revoir aux invités.

C'est un exercice facile, mais qui réclame un peu de patience. Votre chien a besoin de temps pour comprendre ce que vous attendez de lui, alors ne soyez pas tenté de brûler les étapes. Organisez des séances courtes et qui s'achèvent sur un succès ; si nécessaire, revenez en arrière pour terminer par quelque chose de facile. Si votre chien saute pour obtenir sa friandise, repositionnez-le doucement et réessayez.

1 ▷

Incitez-le à lever la patte

Cachez une friandise dans votre main, laissez votre chien la renifler et incitez-le à tapoter votre main en la déplaçant au sol. Récompensez aussitôt tout geste de la patte, aussi léger soit-il, et attendez qu'il touche vraiment votre main.

« Organisez des **séances courtes**… revenez à l'étape **précédente** si nécessaire. »

2 ◁

Récompensez son geste

Une fois qu'il sait qu'il doit toucher votre main avec sa patte pour obtenir sa récompense, essayez de décoller lentement votre main du sol – plusieurs séances seront sans doute nécessaires.

3 ▷

Toujours plus haut

Levez la friandise plus haut, hors de portée de votre chien, et attendez qu'il lève sa patte. Récompensez son moindre mouvement et soyez plus exigeant au cours des séances suivantes.

4 ▷

Des saluts de la patte

Répétez l'exercice en levant la main toujours plus haut et en le récompensant aussitôt s'il fait des saluts de la patte. Par la suite, introduisez un signal gestuel et un ordre verbal. Pratiquez ce tour dans des lieux différents, de plus en plus stimulants, et variez la position de votre chien par rapport à vous.

Les tours sur place

Faciles à apprendre, les tours sur place constituent un très bon exercice d'échauffement si vous faites participer votre chien à des compétitions sportives *(p. 232-233)*. La plupart des chiens adorent cet exercice.

Veillez à apprendre à votre chien à effectuer des rotations sur place dans les deux sens pour l'empêcher d'avoir la tête qui tourne et de développer sa musculature d'un seul côté. Faites attention avec les jeunes chiens débordants d'énergie qui trouvent l'exercice tellement amusant qu'ils ne peuvent pas s'arrêter.

1 △

Faites-le suivre l'appât

Tenez une friandise sous le nez de votre chien, puis décrivez lentement un cercle pour l'obliger à la suivre.

2 ▷

Récompensez-le à mi-chemin

Continuez d'appâter votre chien avec une friandise jusqu'à ce qu'il ait effectué un cercle complet et se retrouve face à vous. Récompensez-le généreusement.

3 △

Récompensez son tour complet

Continuez d'appâter votre chien avec une friandise jusqu'à ce qu'il ait effectué un cercle complet et se retrouve face à vous. Récompensez-le généreusement.

4 ▷

Répétez l'exercice plusieurs fois

Supprimez progressivement la récompense à mi-chemin pour ne garder que la récompense finale. Vous pourrez accompagner la technique de l'appât d'un signal gestuel (p. 110-111).

CONSEILS

Au fil des séances, essayez de faire faire plusieurs tours à votre chien avant de le récompenser. **Si vous voulez introduire un signal verbal *(p. 110-111)*, choisissez un mot différent pour le tour à droite et le tour à gauche.**

Dans le sens des aiguilles d'une montre
Quand votre chien tourne dans un sens sur commande et le fait parfaitement bien, apprenez-lui à tourner dans l'autre sens.

Dans le sens inverse des aiguilles d'une montre
Pour lui apprendre à tourner dans l'autre sens, reprenez l'exercice au début, avec la technique de l'appât.

Et tope là !

En général, maître et chien prennent un grand plaisir à réaliser cet exercice. Je vous conseille d'apprendre à votre animal à toper plutôt qu'à serrer la main, car certains chiens n'aiment pas trop qu'on leur lève et leur tienne la patte.

Commencez par lui apprendre le salut de la patte *(p. 160-161)* avant de lui apprendre à toper, les premières étapes étant similaires. Une fois qu'il fait facilement des saluts de la patte, passez à cet exercice.

1 △

Appâtez-le avec une friandise

Cachez une friandise dans votre main et déplacez-la sous le nez de votre chien pour l'inciter à lever la patte et toucher votre main. Récompensez-le dès qu'il touche votre main et répétez l'exercice.

2 ▽

Ouvrez l'autre main

Ouvrez l'autre main juste au-dessus du sol. Quand votre chien lève la patte, elle atterrit dans votre paume et non dans la main qui cache la friandise. Récompensez-le.

3 △

Montez votre main

Montez votre main un peu plus haut à chaque fois. Faites bouger la main qui tient la friandise pour l'appâter et récompensez-le dès qu'il touche votre main.

CONSEILS

Une fois que votre chien sait toper, veillez à soutenir légèrement sa patte au lieu de vous appuyez dessus, sinon il risque de la retirer.

Pratiquez cet exercice dans des environnements et avec des stimuli différents. Si votre chien oublie ce que vous lui demandez de faire dans un endroit qu'il ne connaît pas ou devant des spectateurs, reprenez l'exercice patiemment.

Apprenez-lui à réagir à un ordre verbal pour l'aider à distinguer la tape dans la main du salut de la patte. Dites-lui « tope là ! », attendez quelques secondes, puis présentez-lui votre paume. N'oubliez jamais de le récompenser quand il touche votre main de façon prolongée.

Accroupissez-vous

Au début, accroupissez-vous pour être à hauteur de votre chien. Lorsqu'il aura fait des progrès, vous pourrez vous mettre debout.

4 △

Tope là !

Au fil des séances, incitez-le à toper en orientant votre paume vers sa patte jusqu'à ce qu'il comprenne qu'il doit taper sa patte contre votre paume levée pour obtenir sa récompense.

5 ◁

Incitez-le à garder la position

Une fois qu'il appuie facilement sa patte contre votre paume, faites une pause entre le contact et la récompense et augmentez peu à peu la durée de cette pause.

Faire le mort

Un chien qui fait le mort est un spectacle parfait pour épater la galerie ! Associé à un geste de la main – vous tirez – et au signal verbal « pan ! », c'est un tour très impressionnant, surtout si votre animal gît inerte au sol, sans bouger la tête ni la queue.

Une fois que votre chien sait se coucher sur commande *(p. 126-127)*, il n'aura aucune difficulté à apprendre à rester couché sur le flanc sans bouger d'un poil. En revanche, s'il est debout, il mettra plus de temps à apprendre à tomber. En tout cas, pour le « faire renaître à la vie », récompensez ses efforts avec une délicieuse friandise qui achèvera l'exercice sur une note positive et lui donnera l'envie de recommencer.

« Ne **riez pas** et ne **réagissez pas** si votre chien **relève la tête**. Attendez qu'il **refasse** le mort avant de le **récompenser**. »

1 △

Détendez-le

Demandez à votre chien de se coucher. Incitez-le à tourner lentement la tête sur le côté en l'appâtant avec une friandise. Soyez patient, laissez-le lécher et mordiller la friandise jusqu'à ce qu'il se détende et se laisse tomber sur le flanc.

2 ▷

Faites pivoter sa tête

Déplacez lentement la friandise pour qu'il la suive des yeux – il va tourner la tête automatiquement. Laissez-le profiter de la friandise et se relâcher jusqu'à ce que le poids de son corps repose sur une hanche et une patte avant.

3 ▽

Félicitez-le

Déplacez la friandise en décrivant un arc de cercle devant lui pour l'inciter à poser sa tête au sol et à s'étendre complètement. Offrez-lui la friandise et félicitez-le. Dites-lui « reste ! » et donnez-lui une autre friandise. Répétez l'exercice sur plusieurs séances jusqu'à ce qu'il sache s'étendre de tout son long et garder la pose pendant que vous vous relevez.

4 ▷

Comme il fait bien le mort !

Quand votre chien est couché, dites « pan ! » et faites un geste de la main qui imite un coup de fusil. Appâtez-le pour l'inciter à s'étendre de tout son long, puis récompensez-le. Au bout de plusieurs séances, donnez le signal et attendez la réponse – ne l'appâtez que si nécessaire.

CONSEILS

Ne riez pas et ne réagissez pas si votre chien lève la tête pour savoir ce qu'il doit faire. Attendez qu'il refasse le mort pour le récompenser.

Apprenez-lui à faire le mort à partir de la position debout. Donnez vos signaux gestuel et verbal, puis comptez jusqu'à deux. Appâtez-le avec une friandise pour l'amener à se coucher, puis à s'étendre. Récompensez-le, puis relevez-vous avant de le récompenser à nouveau pour qu'il comprenne qu'il doit rester immobile.

Répétez ces étapes jusqu'à ce qu'il sache parfaitement faire le mort. La première fois qu'il réussit, donnez-lui une friandise et félicitez-le chaleureusement, puis terminez la séance sur cet essai concluant.

Debout, puis allongé
Une fois que votre chien se couche à votre signal, apprenez-lui à faire le mort à partir de la position debout. Une pratique régulière vous permettra d'y arriver.

Franchir des obstacles

Voilà un exercice utile ! Vous n'aurez plus besoin de soulever votre chien pour lui faire franchir un obstacle, quel qu'il soit. Allez-y progressivement pour lui permettre de prendre confiance en lui.

Les articulations et les os d'un chiot en pleine croissance sont fragiles. De ce fait, n'apprenez cet exercice à votre chien que s'il a terminé sa croissance, c'est-à-dire s'il est âgé de plus de 12 mois. Assurez-vous qu'il est en bonne forme physique avant de l'entraîner à franchir des obstacles. La dysplasie du coude et de la hanche est fréquente chez les chiens de race et passe souvent inaperçue pendant longtemps. Si votre animal est réticent à sauter, avant d'insister, demandez conseil à votre vétérinaire.

1 △

Excitez-le

Au préalable, munissez-vous de deux poteaux et d'une barre. Commencez par placer la barre au sol. Attachez une laisse légère à votre chien et excitez-le avec une balle pour lui donner envie de courir après.

2 ▽

Lancez la balle

Lancez la balle au-dessus de la barre et dites à votre chien « saute ! » en lui montrant du doigt la barre et en avançant d'un pas pour l'encourager. Lâchez la laisse quand il s'élance vers la balle.

3 △

Montez la barre

Montez la barre de 5 cm et répétez les deux premières étapes de l'exercice. Au fil des séances, augmentez la hauteur de la barre. N'oubliez pas de lâcher la laisse quand votre chien s'élance vers la balle.

4 △

Empêchez-le de passer dessous ou à côté

Si votre chien tente de contourner l'obstacle ou de passer dessous, utilisez votre laisse pour l'en empêcher et reprenez l'exercice au début. Ne le faites pas sauter plus de trois fois par séance et veillez à ce qu'il soit excité avant de lui lancer la balle.

5 ▷

« Saute ! »

Dès que votre chien comprend ce qu'il doit faire, incitez-le à sauter d'abord, puis lancez-lui la balle pour le récompenser. S'il n'essaie plus de contourner l'obstacle, libérez-le de sa laisse.

CONSEILS

Quand le chien saute un peu plus haut, veillez à ce qu'il prenne un élan suffisant pour franchir l'obstacle sans difficulté.

Si votre chien tombe, baissez suffisamment la barre avant de recommencer. Si cette fois il réussit, récompensez-le, puis augmentez progressivement la hauteur de la barre.

Le saut étant une activité très fatigante, organisez des séances courtes. Faites faire quelques sauts à votre chien et attendez la prochaine séance pour accroître la difficulté.

Les chiens qui pratiquent un sport, notamment l'agility *(p. 234-237)*, doivent savoir franchir des obstacles. Évitez de brûler les étapes et veillez toujours à terminer la séance sur un saut réussi.

Une compétence utile
Un chien qui a appris à franchir des obstacles artificiels sera ensuite capable de franchir des obstacles naturels – barrières, clôtures…

Prendre un message

Il s'agit d'apprendre à votre chien à prendre un message et à aller le porter à une autre personne. Cet exercice ne posera pas de problème si votre animal sait déjà rapporter des objets *(p. 136-139)*. Vous allez voir, vous allez beaucoup vous amuser !

Pratiquez l'exercice chez vous pendant plusieurs séances et demandez à une personne que votre chien connaît de jouer le destinataire du message. Au début, veillez à ce que votre chien parcoure une courte distance. Puis augmentez peu à peu la distance et placez le destinataire dans différentes pièces de la maison. Si votre chien semble un peu perplexe au départ, aidez-le en vous dirigeant vers le destinataire.

« Si votre chien **lâche le message**, encouragez-le à le **ramasser**. Surtout, ne vous **fâchez pas** et ne le **réprimandez** pas. »

3 ▷

« Va porter ! »

Encouragez-le à aller porter le message en pointant du doigt le destinataire et en disant « va porter ! » d'une voix enthousiaste. Demandez à la personne d'appeler votre chien et de l'inciter à venir vers elle.

1 △

Habituez-le à rapporter un papier

Habituez votre chien à la sensation du papier dans sa bouche en le faisant jouer à rapporter des messages (p. 136-139)*. Attendez-vous à utiliser beaucoup de papier, mais répétez l'exercice jusqu'à ce qu'il saisisse le message au sol et vous le rapporte aussitôt.*

2 ▷

Donnez-lui le message

Une fois qu'il sait saisir un papier et vous le rapporter, attirez son attention et donnez-lui le message à transmettre.

4 △
« Bon chien ! »

Si votre chien a compris ce que vous attendez de lui, demandez au destinataire d'échanger le message contre une friandise – mais en évitant de lui montrer la récompense trop tôt. Le destinataire doit ensuite le féliciter.

5 △
Un degré de difficulté supérieur

Quand votre chien maîtrise parfaitement l'exercice, augmentez progressivement la distance du trajet en demandant au destinataire de se cacher plus loin dans la maison.

CONSEILS

Si votre chien lâche le message, encouragez-le à le ramasser, en le remuant au sol si nécessaire pour faire monter l'excitation. Quand il le met dans sa gueule, félicitez-le chaleureusement. Surtout, ne vous fâchez pas et ne le réprimandez jamais d'avoir laissé tomber le papier. Il risquerait de ne pas apprécier l'exercice et de se décourager.

Une version plus difficile de ce jeu consiste à apprendre à votre chien les noms de certains de vos proches ou de vos amis. Vous pouvez ensuite lui demander d'aller porter le message à telle ou telle personne. Bien sûr, il doit bien connaître les noms de chaque personne présente dans la pièce. Leur porter le message n'est ensuite qu'une formalité.

La chasse au trésor

Cacher des jouets que votre chien doit retrouver est un exercice très facile pour lui. Pourquoi ? Parce qu'il possède un très bon odorat. De plus, c'est un jeu follement amusant et capable de canaliser son trop-plein d'énergie.

Voilà un bon jeu d'intérieur. Une fois que votre chien sait ce qu'il a à faire, vous pouvez vous reposer pendant qu'il part à la recherche du jouet caché quelque part dans la maison. Mais s'il ne le trouve pas, vous devez être là pour l'aider.

1. ▷

« Rapporte ! »

Commencez par le faire jouer à rapporter un nouveau jouet (p. 136-141) *– organisez des séances courtes sur plusieurs jours – jusqu'à ce que ce jouet devienne son favori et qu'il soit toujours prêt à vous le rapporter quand vous le lui lancez.*

« Au fur et à mesure, **aidez-le** de **moins** en moins dans sa **chasse** au trésor… »

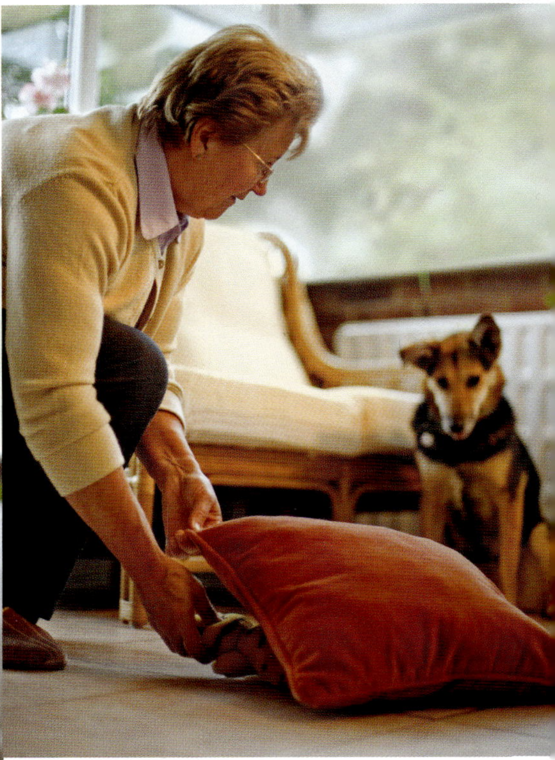

2. △

Cachez le jouet

Demandez à votre chien de s'asseoir et d'attendre, puis faites bouger le jouet devant lui pour attirer son attention avant de le dissimuler dans un endroit facile d'accès.

CONSEILS

Au début, vous allez devoir aider votre chien à trouver un jouet caché dans une autre pièce. Rendez-vous dans cette pièce et dites-lui « cherche ! » en pointant du doigt l'endroit vers lequel il doit se diriger. Peu à peu, aidez-le de moins en moins dans sa chasse au trésor jusqu'à ce qu'il retrouve tout seul un objet caché n'importe où dans la maison.

Au fil des séances, essayez de dissimuler toutes sortes de jouets dans différents coins de la maison. Mais augmentez lentement le niveau de difficulté pour ne pas décourager votre chien – il doit toujours rester un chasseur enthousiaste.

Le signal gestuel
Pointez du doigt la direction dans laquelle votre chien doit se diriger. Mais une fois qu'il obéit au signal verbal « cherche ! », vous n'avez plus besoin de signal gestuel.

3 ▽

« Cherche ! »

Dites à votre chien « cherche ! » en lui montrant du doigt l'endroit où vous avez caché le jouet. Encouragez-le tant qu'il le cherche et, quand il l'a trouvé, félicitez-le avec enthousiasme.

4 △

« Rapporte ! »

Demandez-lui de vous rapporter le jouet et, au moment où il vous le donne, offrez-lui une friandise et des félicitations. Puis cachez le jouet ailleurs dans la maison.

5 △

Augmentez le niveau de difficulté

Au fil des séances, cachez le jouet dans des endroits plus improbables, mais si votre chien a besoin d'aide, montrez-lui la voie.

Les tâches ménagères

Les chiens ont **besoin** de sentir qu'ils **participent** à la **vie du foyer**. Et comme il y a toujours **beaucoup de choses à faire** dans une maison, leur apprendre à effectuer certaines tâches ménagères est un bon moyen de les **intégrer** aux **activités quotidiennes** et de renforcer leur **sentiment d'appartenance**. De plus, si votre chien vous aide, vous aurez plus de temps libre à lui consacrer. Ce chapitre vous montre comment apprendre à votre compagnon des **exercices simples** – par exemple, **ranger** ses jouets. Une fois qu'il **saura** accomplir les tâches décrites ici, rien ne vous empêche de lui en apprendre **d'autres** qui l'**amuseront** et vous **simplifieront** la vie.

LE PLAISIR DE TRAVAILLER
Les chiens apprécient d'être récompensés pour leur travail. Ainsi, ils seront toujours prêts à vous aider dans vos tâches ménagères.

Porter **les courses**

Quel bonheur d'être assisté quand on a beaucoup de paquets à porter ! Et, croyez-moi, votre chien se fera un plaisir de vous les porter. Il se sentira valorisé et votre relation mutuelle s'en trouvera renforcée.

Vous n'aurez aucun mal à apprendre à votre chien à porter vos courses s'il sait déjà rapporter des jouets et d'autres objets *(p. 136-141)*. Et quand il aura appris à vous soulager en portant vos paquets, il pourra vous aider à effectuer d'autres corvées ménagères. Il pourra, par exemple, vous aider à porter le linge. Commencez par l'inciter à rapporter toutes sortes de paquets, sacs et récipients vides.

1 ▽

Jouez avec lui

Excitez votre chien avec un objet ordinaire, par exemple une bouteille en plastique vide, pour lui donner envie de jouer. Faites bouger la bouteille dans tous les sens jusqu'à ce qu'il ne résiste plus à l'envie de la saisir dans sa gueule.

2 △

Félicitez-le

Faites rouler la bouteille au sol pour l'inciter à courir après et à la ramasser. Une fois qu'il l'a saisie, félicitez-le avec enthousiasme. Au fil des séances, apprenez-lui à marcher avec vous en tenant la bouteille dans sa gueule.

3 ▽

Passez à plus difficile

Une fois qu'il sait porter des bouteilles et des paquets vides, incitez-le à porter des récipients remplis et donc plus lourds. Il ne va pas tarder à comprendre ce que vous attendez de lui et vous pourrez lui donner des objets à porter dans sa gueule au lieu de les lancer pour qu'il les ramasse.

« Une fois que vous lui avez **appris** à **porter** votre **sac de courses**, apprenez-lui à effectuer **d'autres corvées** ménagères. »

4 ◁

Le sac de courses

À présent, demandez-lui de porter un sac léger sur une courte distance. S'il le lâche, incitez-le à recommencer et réduisez la distance. Félicitez-le fréquemment.

5 △

« Merci ! »

Demandez-lui d'attendre que vous posiez vos courses par terre. Prenez-lui le sac qu'il tient, puis félicitez-le chaleureusement et donnez-lui une délicieuse friandise.

CONSEILS

Si votre chien mâche l'objet que vous lui donnez, laissez-le jouer avec un autre récipient vide de texture similaire. Les chiens mâchonnent les objets pour les explorer. Donnez à votre animal davantage d'occasions de mâcher des objets pour qu'il finisse par abandonner ce comportement.

Une fois que votre chien rapporte et porte facilement des objets, demandez-lui de vous aider dans la maison en vous apportant différentes choses. Ne lui donnez pas à porter des objets fragiles, trop lourds, pointus ou tranchants. N'oubliez jamais de le féliciter et de le récompenser comme il faut. La plupart des chiens adorent travailler, cela les occupe et canalise leur énergie.

Il se sent utile
Votre chien peut se sentir très utile pendant que vous vous reposez si vous lui apprenez à vous apporter le journal et vos pantoufles le soir.

Apporter la laisse

Si votre chien a appris à ramasser et à vous rapporter des jouets et d'autres objets *(p. 136-141)*, il vous sera facile de lui apprendre à vous apporter sa laisse pour la promenade pendant que vous êtes en train de vous préparer.

Si vous récompensez votre chien avec une promenade à chaque fois qu'il vous apporte sa laisse sur commande, il va se précipiter pour aller la chercher. Au bout d'un moment, il va même anticiper votre demande et vous l'apporter sans que vous lui demandiez, à chaque fois qu'il vous verra vous préparer à sortir. Pour commencer, jouez avec lui en lançant sa laisse pour qu'il vous la rapporte.

1 ▽

Nouez sa laisse

Nouez sa laisse pour lui permettre de la ramasser et de la porter dans sa gueule plus facilement. Jouez à la lui lancer et à lui demander de vous la rapporter.

2 △

Dénouez sa laisse

Une fois que votre chien sait porter une laisse nouée, dénouez-la et jouez avec lui. Au début, il aura plus de mal à la porter et risquera de marcher dessus, mais il s'améliorera au fil des séances.

3 ▽

Encouragez-le à vous l'apporter

À présent, posez la laisse par terre près de l'endroit où vous la rangez habituellement et dites à votre chien « apporte ! ». Récompensez-le s'il vous obéit. Répétez l'exercice à cet endroit sur plusieurs séances.

« Apporte ! »

4 ▽

Suspendez-la

Suspendez la laisse à la poignée de la porte ou de l'armoire en veillant à ce que l'attache soit près du sol pour éviter qu'elle tombe sur le nez de votre chien quand il la saisira. Dites-lui « apporte ! ».

5 ▷

Félicitez-le

Quand il vous apporte sa laisse, dites-lui « bon chien ! » ou « merci ! » et récompensez-le avec l'une de ses friandises préférées avant de le sortir – récompense suprême.

« Récompensez-le avec une **promenade** quand il **apporte** sa laisse, et il ne tardera pas à **se ruer dessus**. »

CONSEILS

Veillez à faire pendre l'attache métallique de la laisse près du sol pour que votre chien ne se fasse pas mal en tirant dessus pour la saisir. S'il se fait mal, il n'osera plus aller la chercher.

Si votre chien vous apporte sa laisse sans que vous lui ayez demandé parce qu'il anticipe une balade, prenez-la sans le féliciter ou le récompenser et raccrochez-la où il l'a prise. Répétez ce geste jusqu'à ce qu'il cesse de vous l'apporter. Si vous le punissez ou cédez à sa demande en le sortant, il prendra l'habitude de vous apporter sa laisse à tout bout de champ. Cependant, il essaie de vous dire quelque chose, alors prenez bonne note de son désir de promenade et faites l'effort de jouer davantage avec lui ou de le sortir plus souvent.

Essayez de ranger la laisse toujours au même endroit pour qu'il sache exactement où elle est quand vous lui demandez de vous l'apporter.

Mesure anti-aboiement
Si votre chien aboie à l'idée de sortir, apprenez-lui à vous apporter sa laisse et à la garder entre ses dents. Impossible de faire les deux choses en même temps !

Ranger ses jouets

Après une partie de jeu, vous vous retrouvez avec des jouets éparpillés dans tous les coins, n'est-ce pas ? Alors pourquoi ne pas apprendre à votre chien à ranger ses jouets ? Il va se faire une joie de vous décharger de cette corvée si vous le récompensez suffisamment.

Il n'est pas aussi naturel pour un chien de mettre un jouet dans une boîte que de le sortir. Cet apprentissage réclame donc beaucoup de pratique et de patience. Commencez par lui apprendre à rapporter systématiquement des objets *(p. 136-141)* qui traînent par terre. Un chien qui range ses jouets est impressionnant et surtout très utile quand vous attendez de la visite et que tout est en désordre.

1 ▷

« Viens ! »

Lancez un jouet à votre chien et dites-lui « viens ! » dès qu'il le ramasse. Posez la boîte de rangement entre lui et vous.

2 ▽

Incitez-le à vous donner le jouet

Lorsqu'il se rapproche, tendez votre main au-dessus de la boîte et demandez à votre chien de lâcher le jouet dans votre main. Récompensez-le. Répétez l'exercice sur plusieurs séances jusqu'à ce qu'il le maîtrise.

« La **récompense** que vous lui offrez **doit** être un **plaisir plus grand** que celui de **garder le jouet.** »

3 △

Encouragez-le à récupérer la friandise

Dès qu'il est prêt à vous donner le jouet, lâchez une friandise dans la boîte. Il va devoir lâcher le jouet dans la boîte pour récupérer la friandise. Répétez l'exercice en ajoutant l'ordre « range ! ».

4 ▷

« Range ! »

Dites à votre chien « range ! » mais ne lâchez plus de friandise dans la boîte. Lorsqu'il relève la tête après une quête infructueuse, récompensez-le avec une friandise et des félicitations.

CONSEILS

Cet exercice est relativement difficile pour un chien. Alors, si l'animal lâche le jouet en cours de route, ne le récompensez pas mais demandez-lui à nouveau, très gentiment, de vous le rapporter. Certains chiens mettent du temps à réussir cet exercice, alors soyez patient et rappelez constamment à votre animal ce que vous attendez de lui.

S'il ressort le jouet de la boîte, assurez-vous que la récompense que vous lui offrez est un plaisir plus grand que celui de garder le jouet *(p. 206-207)*. Donnez-lui ses friandises ou son jouet préférés.

Répétez l'exercice jusqu'à ce qu'il comprenne qu'il doit lâcher le jouet dans la boîte pour être récompensé. Une fois qu'il le sait, vous pouvez vous éloigner peu à peu de la boîte.

Apprenez-lui d'autres tâches
Une fois le principe du rangement bien compris, demandez-lui de jeter des choses dans la corbeille ou de déposer le linge dans un panier.

Aller **se coucher**

Il s'agit d'un exercice très utile à appliquer quand vous ne voulez pas que votre chien soit dans vos pieds, par exemple quand vous avez des visiteurs qui n'aiment pas les chiens, quand vous prenez vos repas, quand vous vous occupez d'un bébé ou quand vous faites quelque chose qui réclame de la concentration.

Voilà un exercice difficile à appliquer quand votre chien préfère rester avec vous. Faites preuve de douceur et de patience. Demandez-lui d'aller se coucher et récompensez-le largement. N'oubliez jamais que la récompense que vous lui offrez doit lui procurer un plaisir plus grand que celui de rester près de vous.

1 △

Cachez une friandise

Demandez à votre chien de s'asseoir et d'attendre (p. 128-129) *ou demandez à quelqu'un de le tenir. Montrez-lui que vous avez une délicieuse friandise que vous allez cacher sous son couchage. Cette récompense est à sa portée mais hors de sa vue.*

2 △

« Au lit ! »

Incitez-le à aller chercher la friandise en pointant du doigt son couchage et en lui disant « au lit ! ».

> « Pour que cette **expérience** soit **positive**, restez **auprès de lui**, offrez-lui des **friandises** et caressez-le. »

CONSEILS

Une fois que votre chien a compris ce qu'il doit faire quand vous lui dites « au lit ! », ce n'est plus la peine de cacher une friandise sous son couchage. Récompensez-le uniquement quand il obéit à l'ordre « couché ! ».

Renforcez peu à peu sa capacité d'obéissance en lui demandant d'aller se coucher et de rester couché même quand

3

« Couché ! »

Dès qu'il a mangé sa friandise, avancez-vous vers son couchage. Prononcez son nom pour attirer son attention et l'encourager à se tourner vers vous, puis dites-lui « couché ! ».

« Bon chien ! »

4 △

Une expérience positive

Félicitez-le et restez un peu avec lui. Pour qu'il garde un souvenir positif de cette expérience, offrez-lui d'autres friandises et caressez-le. Au fil des séances, éloignez-vous de plus en plus de son couchage.

il se passe des choses intéressantes et stimulantes autour de lui.

S'il refuse d'aller se coucher, insistez, mais si vous n'obtenez rien, veillez la prochaine fois à le lui demander lorsqu'il y aura moins de tentations autour de lui.

Dès que votre chien va se coucher et reste couché à chaque fois que vous lui en donnez l'ordre, récompensez-le et allez le voir pour le féliciter de rester sagement où il est.

Veillez à son bien-être
Son couchage doit être confortable et pas trop éloigné de l'endroit où vous serez – ainsi, il sera moins tenté d'aller vous retrouver.

Distrayez-le
Vous aurez toutes les chances de le voir rester en place si vous lui donnez quelque chose d'intéressant à mâcher pour le distraire.

Fermer la porte

Un chien qui ferme la porte ! Un spectacle impressionnant et une compétence très utile à son maître... Mais c'est un exercice plus difficile à apprendre que d'autres, alors armez-vous de patience et procédez par étapes.

Commencez par lui apprendre à toucher une cible en lui montrant un stylo et en le récompensant avec une friandise dès qu'il touche l'extrémité du stylo du bout de son nez. Répétez l'exercice sur plusieurs séances jusqu'à ce qu'il aille toucher le stylo, quel que soit l'endroit où vous lui montrez. Puis utilisez un post-it que vous collez d'abord sur la paume de votre main, puis sur une porte.

1 △

Entraînez-le à toucher une cible

Montrez-lui un stylo que vous tenez dans votre main et récompensez-le dès qu'il le touche du bout du nez. Une fois qu'il le fait systématiquement, ajoutez le signal verbal « ferme la porte ! » juste avant de lui montrer le stylo.

2 ▷

Remplacez le stylo par le post-it

Collez un post-it sur votre paume de main, dites à votre chien « ferme la porte ! » et attendez qu'il touche le bout de papier. Récompensez-le aussitôt et répétez l'exercice sur plusieurs séances.

3 ▽

Collez le post-it sur la porte

Collez le post-it sur une porte basse, pointez l'index dessus et dites à votre chien « ferme la porte ! ». Attendez patiemment. S'il ne le touche pas, collez-le dans votre main et posez votre main contre la porte. Réessayez jusqu'à ce qu'il touche la porte.

4

Enlevez le post-it

Une fois que votre chien sait fermer la porte avec le post-it dessus, décollez le papier et dites-lui « ferme la porte ! ». Attendez qu'il vous obéisse, puis récompensez-le généreusement.

« **Pratiquez** cet exercice sur **plusieurs portes** jusqu'à ce qu'il sache les **fermer toutes.** »

CONSEILS

Si, à l'étape 3, il ne pousse pas la porte, excitez-le, puis retenez-le avant de dire « ferme la porte ! » en avançant d'un pas et en le relâchant. Avec l'élan, il fermera la porte comme il faut. Récompensez-le par un jackpot *(p. 116-117)*.

Ouvrir une porte
Jouez avec votre chien au tir à la corde, puis suspendez la corde à un bouton de porte (la porte doit s'ouvrir vers l'extérieur) et demandez à votre chien de tirer.

Ne le récompensez pas s'il pousse la porte avec sa patte – il l'abîmerait avec ses griffes. Seul le museau est permis.

Quand vous pratiquez l'exercice sur plusieurs portes, revenez toujours à l'étape 3 pour qu'il comprenne facilement ce que vous attendez de lui.

Les bonnes manières

Un chien qui a **appris les bonnes manières** est un animal de compagnie **apprécié** de tous et un **compagnon agréable** que vous aurez plaisir à emmener **partout** avec vous. Quoi de plus **difficile** que de vivre aux côtés d'un chien qui **saute** sur les visiteurs, qui **chaparde** de la nourriture, qui **ne reste pas** en place, qui vous **bouscule** pour passer le premier, qui **pourchasse** des choses interdites, qui **aboie** de façon **intempestive** et qui ne **se laisse pas** manipuler ! Ce chapitre vous explique comment lui **enseigner** les bonnes manières, **d'abord** à la **maison**, puis en **tous lieux** et en **toutes circonstances**. Un chien **bien élevé**, ça se remarque !

UN COMPORTEMENT DANGEREUX
Pourchasser tout et n'importe quoi peut être dangereux pour le chien et son maître. Il est important d'empêcher ce type de comportement par des jeux qui canalisent son trop-plein d'énergie.

Ne pas sauter sur les gens

Si les chiens se dressent sur leurs pattes postérieures, c'est pour se rapprocher de notre visage. Et pourquoi ? Pour nous saluer et capter notre attention. Nous trouvons adorable un chiot qui nous saute dessus, mais chez un chien adulte, cette habitude peut nous énerver, voire être dangereuse.

Tous les membres du foyer et les personnes qui connaissent bien votre chien doivent travailler de concert pour lui apprendre à saluer les gens comme il faut. Si vous adoptez l'approche proposée ici à chaque fois que votre chien se comporte mal, il va vite comprendre qu'il ne tirera aucune satisfaction de ce comportement et cessera de le manifester. Et si vous le récompensez par votre attention lorsqu'il vous salue en gardant ses quatre pattes au sol, il va prendre rapidement cette bonne habitude.

1 ◁

Une mauvaise habitude à bannir

N'encouragez pas votre chien à vous bondir dessus pour attirer votre attention, car il va vite prendre cette mauvaise habitude.

2 △

Répondez par l'indifférence

Si votre chien vous saute dessus, tournez-lui le dos en croisant les bras et ignorez-le jusqu'à ce qu'il s'arrête.

4 ▽

Tenez-le en laisse

Tenez-le en laisse à l'arrivée de visiteurs pour l'empêcher de leur sauter dessus. Vos amis ne doivent saluer votre chien que s'il reste calme. S'ils acceptent, demandez-leur de suivre les étapes 2 et 3.

3 △

Récompensez-le

Dès qu'il a les quatre pattes au sol, accroupissez-vous, caressez-le et félicitez-le avec enthousiasme. S'il essaie de sauter à nouveau, relevez-vous, tournez-lui le dos et ignorez-le jusqu'à ce qu'il comprenne.

« Accroupissez-vous pour lui permettre de **se rapprocher** de **vous**. »

CONSEILS

Il est très important que toutes les personnes qui sont en contact avec votre chien suivent la même approche que vous à chaque fois que votre animal leur saute dessus, à savoir ne pas le toucher, ne pas lui parler et ne pas le regarder. Si vous lui prêtez la moindre attention, vous allez le récompenser involontairement *(p. 116-117)* et le problème va s'aggraver.

Soyez patient et cohérent, sachant qu'il peut falloir plusieurs semaines avant que vos mesures portent leurs fruits. Ses progrès sont souvent lents au départ et son comportement peut s'aggraver de façon provisoire mais, un jour, vous allez constater une amélioration *(p. 118-119)*. Récompensez-le quand il garde ses quatre pattes au sol pour dire bonjour.

Si vous avez déjà appris à votre chien à s'asseoir, demandez-lui de s'asseoir avant qu'il vous saute dessus – il ne pourra pas faire les deux. Accroupissez-vous et récompensez-le en le félicitant chaleureusement.

Mettez-vous à sa hauteur

Les chiots aiment se rapprocher de notre visage pour nous saluer. Mettez-vous à leur hauteur pour leur apprendre à dire bonjour sans sauter.

Ne pas voler

Un chien a tendance à dérober la nourriture que vous tenez à la main s'il pense qu'elle va lui échapper. Empêchez ce comportement indésirable en lui apprenant à attendre sa récompense.

Ce problème se développe généralement durant l'enfance : un chiot inexpérimenté mord sans le vouloir la main de son maître qui lui tend quelque chose à manger. Le maître peut ensuite prendre l'habitude de retirer brusquement sa main pour éviter d'être mordu. Résultat : le chiot comprend qu'il doit faire vite pour saisir la nourriture qu'on lui tend et se met à chaparder.

▷ ***Être le plus rapide***
Comme il est toujours possible qu'un congénère leur dérobe leur friandise, les chiens apprennent à être rapides pour l'obtenir à coup sûr. Mais ce comportement peut être source d'accidents : ils saisissent la friandise avec la main de leur maître.

△ ***Gardez votre paume à plat***
La solution consiste à offrir la friandise paume de main bien à plat en veillant à rentrer le pouce. Ainsi, votre chien la saisira doucement sans risquer de vous mordre. C'est une méthode facile et efficace si vous avez de jeunes enfants.

CONSEILS

Pour apprendre à votre chien à ne pas voler, ne dites « doucement ! » qu'une seule fois et ne bougez surtout pas la main jusqu'à ce qu'il éloigne son museau.

Au fil des séances, gardez votre calme et attendez qu'il éloigne son museau de votre main. Ne dites rien, laissez-le comprendre ce que vous attendez de lui. Récompensez-le suffisamment dès qu'il recule son museau.

Si votre chien commence par prendre la friandise avec ses dents, portez un vieux gant de cuir pour vous protéger.

Si vous avez deux chiens, entraînez-les à s'asseoir et à attendre pour leur donner à manger individuellement et éviter toute rivalité entre eux.

BAS LES PATTES !
Si votre chien donne des coups de patte sur la main dans laquelle vous cachez la friandise, levez-la un peu plus haut.

1 ▷

« Doucement ! »

Apprenez à votre chien à se calmer et à attendre en cachant une délicieuse friandise dans le creux de votre main, en fermant le poing et en lui tendant. Dites-lui « doucement ! » en gardant le poing fermé et ignorez ses efforts pour s'emparer de la friandise.

2 ◁

Attendez

Gardez votre main immobile et attendez que votre chien recule un peu son museau. S'il est sage, ouvrez votre main et offrez-lui la friandise sur-le-champ.

3 ▷

Récompensez sa patience

Répétez l'exercice jusqu'à ce qu'il recule son museau pour vous inciter à ouvrir votre main. Il finira par attendre sa friandise quand vous lui direz « doucement ! ».

Rester **calme**

Un chien qui sait se tenir tranquille en toutes circonstances est un chien que vous pouvez emmener partout avec vous. Et vous vous féliciterez de le voir rester sagement couché quand vous êtes occupé, par exemple à répondre au téléphone ou à discuter avec des gens dans la rue.

Avant de lui apprendre à rester tranquille, vous devez lui apprendre à se coucher sur commande *(p. 126-127)*. Commencez cet apprentissage chez vous, à proximité de son couchage.

Une fois qu'il comprend qu'il est récompensé s'il reste tranquille à côté de vous, vous pouvez pratiquer cet exercice dans d'autres environnements, par exemple chez des amis.

1 △

Incitez-le à se coucher

Attachez un collier à sa laisse et demandez-lui de s'asseoir tranquillement sur son couchage à côté de vous. Attendez qu'il soit détendu, puis incitez-le à se coucher, si nécessaire à l'aide d'une friandise.

2 ▷

Encouragez-le à rester calme

Asseyez-vous dans un fauteuil et relaxez-vous. Félicitez votre chien et caressez-le doucement s'il reste calme pour lui montrer que c'est ce que vous attendez de lui. S'il s'agite et se lève, demandez-lui de se recoucher.

« Bon chien ! »

3 ▽

Occupez-le

Donnez-lui quelque chose à mâcher (p. 95) *pour l'occuper pendant que vous êtes assis à lire ou à regarder la télé. Apprenez-lui à rester calme quelques minutes, puis de plus en plus longtemps.*

4 △

Changez d'environnement

Pratiquez l'exercice ailleurs que chez vous, par exemple chez des amis. Une fois qu'il sait rester tranquille dans quelques endroits familiers, variez les environnements et choisissez-en de plus en plus stimulants jusqu'à ce que votre chien reste calme n'importe où.

« Cet exercice est **particulièrement utile** quand vous **êtes occupé** ou devez vous **concentrer** sur autre chose. »

CONSEILS

Veillez à ce que votre chien ait eu sa dose d'activité physique et mentale avant de pratiquer cet exercice, surtout s'il est jeune est débordant d'énergie.

Rester calme n'est pas la même chose qu'attendre *(p. 128-129)* dans une position donnée immuable. Dans cet exercice, votre chien peut changer de position, s'étirer et bouger tant qu'il reste près de vous et se tient tranquille.

Habituez-le peu à peu à rester calme dans des endroits différents et de plus en plus stimulants jusqu'à ce qu'il sache se coucher et se détendre partout. Ainsi, vous pourrez l'emmener partout sans souci.

Calme malgré les distractions
Votre chien aura plus de mal à rester calme en présence de stimuli extérieurs. Soyez patient et insistez doucement jusqu'à ce qu'il vous obéisse.

Ne pas passer le premier

Si votre chien se précipite dehors, il risque de vous faire un croche-pied ou d'aller au-devant du danger si votre porte donne sur une rue fréquentée. Il est donc plus sûr de lui apprendre à s'asseoir et à attendre que vous sortiez le premier.

Un chien qui attend poliment que son maître sorte le premier est un chien qui a appris à se contrôler et à respecter son « chef de meute ». Non seulement c'est une question de bonnes manières (que les visiteurs ne manqueront pas d'apprécier !), mais c'est un gage de sécurité pour vous et votre chien. Commencez par lui apprendre à s'asseoir *(p. 122-123)* et à attendre *(p. 128-129)*.

1 ▽

Il vous bouscule pour passer

À l'idée de sortir ou de découvrir un nouvel endroit, votre chien peut vous bousculer pour passer. Si vous le laissez faire, vous mettez en danger sa sécurité car vous ignorez ce qu'il y a dehors.

2 △

« Assis ! »

Postez-vous devant lui, plus exactement entre lui et la porte, puis ordonnez-lui de s'asseoir. Fermez la porte s'il tente de se faufiler dehors.

3 ▷

Faites l'essai de sortir

Ouvrez la porte. Si votre chien bouge, refermez-la rapidement et donnez-lui à nouveau l'ordre de s'asseoir. Répétez l'exercice jusqu'à ce qu'il reste sagement assis en vous voyant sortir.

4 ◁

Récompensez-le

Une fois que vous êtes dehors, retournez-vous et récompensez-le de rester tranquillement assis.

« S'il est **resté** sagement **assis**, **offrez**-lui une **récompense**. »

5 ◁

Laissez-le sortir

S'il n'y a aucun danger, demandez-lui de venir vous rejoindre. Répétez l'exercice jusqu'à ce qu'il attende systématiquement à la porte pour sortir.

« Viens ! »

CONSEILS

Votre chien doit s'être bien dépensé avant de démarrer l'exercice. Un chien fatigué est plus susceptible de rester assis qu'un chien débordant d'énergie.

Si votre chien passe systématiquement devant vous dès que vous sortez, utilisez une laisse pour l'empêcher de sortir, puis repositionnez-le et réessayez. Soyez patient et persévérant.

Sous contrôle
Si vous possédez plusieurs chiens, il est important de savoir les contrôler en toutes circonstances. Cet exercice leur apprendra à se maîtriser quand ils sont ensemble.

Si vous avez trois chiens, travaillez avec un seul à la fois jusqu'à ce que chacun maîtrise parfaitement l'exercice, puis essayez avec deux, et enfin trois. Le but ? Qu'ils vous laissent tous les trois sagement passer en premier !

Si vous insistez pour qu'il attende à la porte et vous laisse passer en premier, il réalisera vite que ses besoins ne sont pas toujours prioritaires et que c'est vous qui contrôlez le territoire.

Ne pas courir partout

De nombreux chiens, notamment les chiens de chasse et les chiens de troupeaux, adorent pourchasser, ce qui est dangereux. Ils peuvent heurter une voiture, un cycliste, ou effrayer l'animal qu'ils poursuivent et l'obliger à attaquer pour se défendre.

C'est pourquoi vous devez canaliser l'instinct de chasseur de votre chien dans des activités acceptables. Lui apprendre à jouer et à courir après des jouets au lieu de pourchasser des personnes ou des animaux – il aura le frisson de la poursuite sans en avoir les éventuels dangers. De plus, apprenez-lui le rappel en poursuite *(p. 154-155)* pour le stopper dans sa course s'il se met à pourchasser des voitures, des cyclistes, des joggeurs ou des chats.

◁ ***Un jeu dangereux***
L'atavisme de chasseur est puissant chez certains chiens qui n'hésitent pas à courir après des véhicules, des joggeurs ou des cyclistes.

▽ ***Maîtriser son instinct***
Pour éviter que votre chien poursuive un joggeur, par exemple, tenez-le en laisse et éloignez-le du coureur pour faire retomber son excitation.

▷ ***Premières leçons***
Les chiots doivent apprendre à ne pas courir après des enfants. Encouragez plutôt votre chiot à pourchasser des jouets et tenez-le en laisse à proximité d'enfants qui jouent entre eux. Apprenez à vos enfants à rester immobiles si un chien les poursuit.

« **L'instinct** de **chasseur** doit être **canalisé** dans des jeux de **poursuite** avec des **jouets.** »

▷ ***Résister à l'envie***
Si votre chien a tendance à pourchasser des choses qui l'excitent ou le perturbent, apprenez-lui à résister à cette envie en l'habituant aux endroits où il en verra passer beaucoup. Gardez-le en laisse. Commencez la désensibilisation assez loin, puis de plus en plus près de la source d'excitation.

◁ ***Dès le plus jeune âge***
Un chiot qui sait qu'il ne faut pas prendre en chasse tout ce qui bouge se comportera correctement une fois adulte. Habituez-le dès son plus jeune âge à courir après des objets autorisés, à savoir des jouets.

CONSEILS

Les chiens développent leur instinct de chasseur pendant l'enfance et l'adolescence. Durant ces périodes, apprenez-leur à poursuivre des jouets et non des objets inappropriés. Jouez avec votre animal pour canaliser son énergie physique et mentale. Son dynamisme dépend de sa race, de son âge et de sa santé. S'il aime surtout les jeux de poursuite, apprenez-lui le rappel en poursuite *(p. 154-155)* pour le faire revenir.

Certains chiens se montrent agressifs lorsqu'ils attrapent leur cible et peuvent mordre par excitation ou frustration pour l'empêcher de bouger. Dans ce cas, utilisez une laisse ou une muselière et demandez l'aide d'un professionnel.

Nés pour la poursuite
Les chasseurs à vue sont nés pour la poursuite. À vous de canaliser leur atavisme dans des jeux avec des jouets.

Ne pas aboyer sans cesse

Les chiens aboient pour diverses raisons, pour monter la garde, parce qu'ils sont excités ou parce qu'ils veulent attirer l'attention. Si vous voulez changer le comportement de votre compagnon, découvrez ce qui le fait aboyer avant de traiter son problème.

La plupart des chiens ont tendance à aboyer naturellement, contrairement à leurs ancêtres sauvages, les loups, qui aboient très rarement. Certaines races, notamment les Terriers et les chiens de garde, ainsi que certaines races de petite taille sélectionnées pour donner l'alerte, aboient plus que d'autres. Parce qu'il est rare de ne pas avoir de voisins gênés par le bruit, vous devez apprendre à votre chien à ne pas aboyer sans raison. Si c'est pour attirer votre attention, ignorez-le ; s'il est trop excité, calmez-le ; et s'il prend toutes les personnes qui passent devant la maison pour des intrus, éduquez-le. Vous serez en bons termes avec vos voisins et moins stressé. À chaque fois que votre chien aboie, incitez-le à se taire et détournez son attention en lui proposant une autre activité. Demandez-lui de venir à vos pieds dès qu'il a donné l'alarme si quelqu'un rôde dans les parages.

◁ ***Il recherche votre attention***
Si votre chien vous regarde en aboyant, il cherche probablement à attirer votre attention. Veillez à lui consacrer suffisamment de temps chaque jour et, s'il aboie quand même, ignorez-le.

△ ***Il monte la garde***
Les chiens aboient quand ils sentent quelqu'un derrière la porte, parce qu'ils le prennent pour un intrus. Apprenez-lui à venir à vos pieds pour jouer et obtenir une friandise avant l'arrivée du facteur.

CONSEILS

N'encouragez pas un jeune chiot à aboyer. La plupart des chiens aboient pour avertir leur maître de la présence d'éventuels intrus en prenant confiance en eux durant l'adolescence. Les encourager à aboyer revient à susciter chez eux une réaction disproportionnée et indésirable.

Il est plus difficile de demander à un chien à se taire. Ne lui apprenez le silence qu'une fois qu'il aura réussi la plupart des exercices éducatifs.

Dites-lui « aboie ! »
Excitez-le avec un jouet alors qu'il est attaché à un objet fixe. Récompensez son moindre cri en le libérant, en le félicitant et en le faisant jouer. Puis récompensez-le s'il continue d'aboyer.

Dites-lui « tais-toi ! »
Quand votre chien aboie, dites-lui « tais-toi ! » en faisant un geste de la main. Attendez qu'il cesse d'aboyer, puis récompensez-le aussitôt avec une friandise et des félicitations. Répétez l'exercice dans le cadre d'une courte séance.

Il est surexcité

Certains chiens aboient quand ils sont excités. Refusez-lui tout ce qu'il demande jusqu'à ce qu'il se taise. Cela va le calmer et lui faire comprendre qu'aboyer n'est pas gratifiant.

Accepter qu'on le touche

Si vous avez appris à votre chien à accepter d'être manipulé, il fera un bien meilleur patient le jour où il sera malade ou blessé. De plus, il se sentira plus à l'aise quand vous le toucherez et aura davantage confiance en vous. Votre relation s'en trouvera donc améliorée.

Nous aimons bien toucher et caresser notre chien pour lui montrer notre affection, mais les chiens ne se touchent pas entre eux autrement que pour se battre ou s'accoupler. Habituez-le dès son plus jeune âge à être tenu, touché, porté et immobilisé pour lui montrer que vous contrôlez la situation. Vous aurez aussi moins de mal à l'examiner, le toiletter, le baigner, brosser ses dents et couper ses ongles.

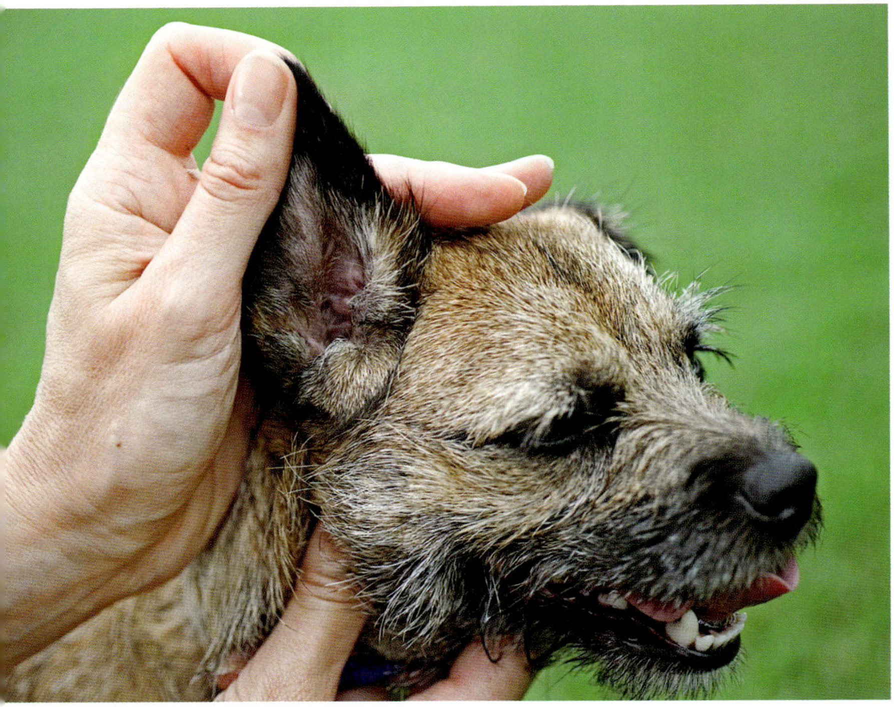

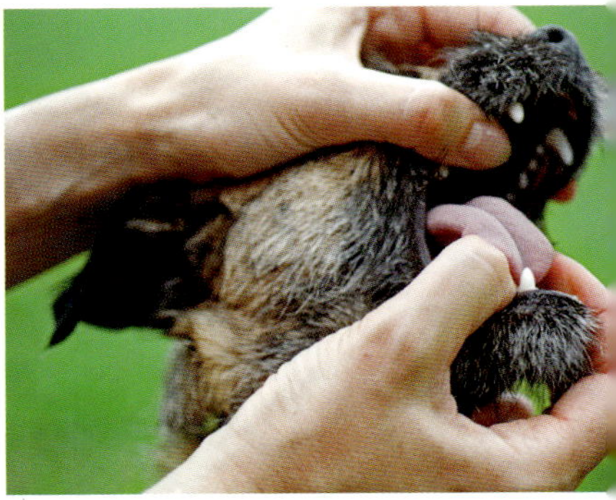

△ *Ouvrir sa bouche*
Exercez une pression à la commissure des lèvres. Maintenez la gueule ouverte. Offrez-lui aussitôt une friandise pour le récompenser.

△ *Soulever ses oreilles*
Soulevez doucement ses oreilles pour examiner l'intérieur. S'il refuse, commencez par lui toucher lentement l'oreille et le récompenser avant de la bouger, puis de la soulever.

▷ *Examiner ses dents*
Habituez-le à lui soulever sa lèvre supérieure pour examiner ses dents. En lui tenant la tête un peu en arrière, soulevez délicatement un côté, puis l'autre, de sa lèvre supérieure pour découvrir ses dents du fond.

CONSEILS

Si votre chien semble anxieux, vous mordille les doigts ou montre tout autre signe d'insatisfaction, procédez plus lentement et touchez-le plus doucement. Détendez-le avec de petits massages et des caresses avant de réessayer.

Le toucher
Les humains montrent leur affection par le contact physique, mais pas les chiens. Alors habituez-le lentement à apprécier vos caresses.

Si votre chien n'a pas peur mais ne tient pas en place, faites-lui faire beaucoup d'exercice avant de le manipuler.

Pour lui apprendre à accepter d'être maintenu en place, tenez-le fermement (mais sans brutalité) jusqu'à ce qu'il se détende, puis relâchez-le aussitôt.

▷ ***Toucher ses pattes***
Les pattes sont sensibles, touchez-les très doucement au début et, peu à peu, effectuez des pressions légères. Touchez ses ongles avec la pince et donnez-lui une friandise pour faciliter, plus tard, leur coupe.

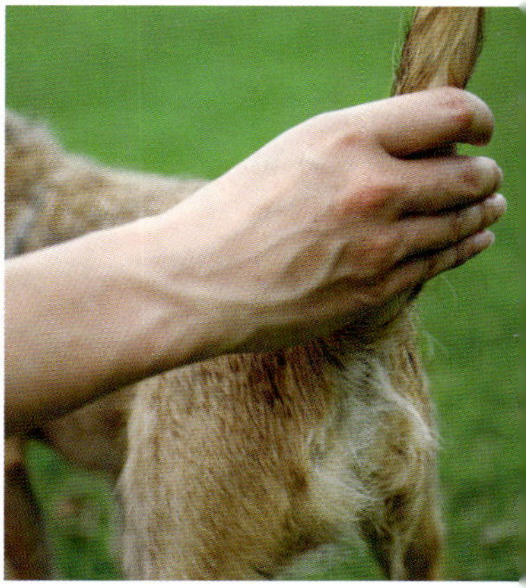

△ ***Soulever la queue***
Soulevez doucement, plusieurs fois, la queue de votre chien pour l'habituer à être touché dans cette région et pouvoir examiner sa zone anale.

◁ ***Examiner les yeux***
Posez un pouce au-dessus de son œil et l'autre au-dessous, puis écartez doucement vos deux pouces pour lui maintenir la paupière ouverte. Vous pouvez alors l'examiner. Soyez calme et patient. Si votre chien semble inquiet, faites des gestes plus lents et commencez par lui maintenir la tête.

« Les **humains aiment toucher**, tenir et enlacer, mais ces gestes d'affection ne sont **pas naturels** pour un chien. Il faut **l'habituer** pour qu'il les **accepte** et les trouve **agréables**. »

▷ ***Le soulever***
Soulevez votre chien en plaçant une main sous son arrière-train et l'autre sous sa poitrine. Soulevez-le doucement pour ne pas l'effrayer et rapprochez-le de votre corps.

5

Problèmes et **solutions**

Résoudre les problèmes éducatifs

Résoudre les problèmes

Soudain, au beau milieu d'une **séance d'éducation**, votre chien **ne veut plus** travailler ou **ne comprend plus** ce que vous attendez de lui. Ce chapitre vous permettra d'**identifier** ce qui « cloche » dans votre **démarche** ou votre **attitude** et vous **aider à résoudre les problèmes** que vous rencontrez. Toutes les **sources de difficultés** les plus **fréquentes** relatives à l'**éducation** sont exposées ici et, bien sûr, **les clés pour les surmonter**. Enfin, vous trouverez des **informations** et des **conseils** sur la délicate question des **chiens agressifs**.

JE N'ARRIVE PLUS À LE CONTRÔLER ! L'éducation canine n'est pas toujours facile, et nous avons parfois besoin d'aide et de conseils pour surmonter les difficultés que nous rencontrons avec notre chien.

Des récompenses **inadaptées**

Les méthodes d'éducation positive reposent sur des récompenses que le chien a envie de recevoir. Il vous faudra de la patience et de la pratique pour connaître les récompenses préférées de votre chien – et tout bonnement ses envies du moment, car les désirs sont variables.

Les chiens font un choix entre ce qu'ils ont envie de faire et ce que nous leur demandons de faire. La récompense que vous donnez à votre animal doit être à la hauteur de la tâche ou de l'exercice que vous lui demandez d'effectuer – autrement dit, valoir le coup et être désirable à ce moment-là. Si vous avez du mal à faire obéir votre chien, essayez d'accroître la valeur de ses friandises ou de ses jeux *(p. 108-109)* ou donnez-lui autre chose.

◁ ***Une pression excessive***
Une friandise jugée peu attractive associée à une pression excessive exercée par le maître : voilà un cocktail qui ne donne guère envie au chien de travailler. Adoptez une approche plus détendue et augmentez la valeur de la récompense offerte (p. 108).

◁ ***Amusez-vous avec lui***
Si vous vous amusez avec votre chien et développez une grande complicité avec lui, vous pourrez le récompenser essentiellement avec des félicitations et des marques d'approbation – en réservant les friandises et les jeux aux grandes occasions.

Δ ***Ce qu'il aime le plus***
Découvrez les friandises ou les jouets préférés de votre chien et ne les utilisez que pour récompenser des tâches complexes ou des exercices difficiles – ou pour le motiver quand il a envie de faire autre chose.

« Découvrez les **friandises** ou les **jouets** que votre chien aime **par-dessus tout.** »

◁ ***Laissez-le explorer***
Un manque d'intérêt à l'égard des friandises ou des jouets en milieu extérieur peut être dû à l'excitation ou l'anxiété. Si vous voulez qu'il réoriente son attention vers vous, laissez-le d'abord explorer un territoire limité qu'il ne connaît pas encore.

▷ ***Captez son attention***
Une fois qu'il s'est familiarisé avec un nouvel espace, il peut être plus détendu – c'est le moment de lui offrir une délicieuse friandise ou un jeu avec un jouet pour capter à nouveau son attention avant de reprendre les exercices éducatifs. Il est désormais prêt à se concentrer sur ce que vous allez lui apprendre.

CONSEILS

L'inattendu est toujours excitant: laissez votre chien deviner quelle récompense vous allez lui offrir et innovez dans vos récompenses si ses performances se détériorent.

Veillez à ce qu'il comprenne vos signaux verbaux avant de diminuer les récompenses offertes et de les rendre aléatoires *(p. 116-117)*. Les jackpots doivent être gratifiants et amusants.

Vous pouvez renforcer l'attractivité d'un nouveau jouet en le gardant pour vous et en n'y jouant avec votre chien que lorsqu'il se comporte vraiment bien. Ainsi, il redoublera d'efforts pour l'obtenir.

Différer le plaisir
Vous pouvez rendre une friandise ou un jouet plus gratifiant en le gardant pour vous un petit moment et en donnant à votre chien autre chose à la place.

Un manque de synchronisation

Si vous ne récompensez pas votre chien au bon moment, il ne va pas comprendre ce que vous essayez de lui apprendre. Une action doit être récompensée immédiatement pour pouvoir être répétée par la suite. Si vous récompensez trop tard, vous rencontrerez inévitablement des problèmes.

La récompense immédiate est le seul moyen de faire savoir à votre chien qu'il a agi comme il faut *(p. 112-113)*. Par conséquent, ayez toujours des récompenses sous la main, un sac à friandises, par exemple, très pratique. Si vous récompensez votre chien trop tard, il ne saura pas s'il a agi correctement et n'intégrera donc pas la leçon. Il peut en résulter de la confusion, de la frustration et un désintérêt à l'égard des séances d'éducation, pour lui comme pour vous.

△ ***C'est trop tard***
Si vous récompensez votre chien trop tard, il ne voit pas l'intérêt de faire ce que vous lui demandez et finit par se lasser d'essayer de comprendre ce que vous attendez de lui. Il se désintéresse de son éducation et vous, vous êtes un maître frustré.

▷ ***Ici et maintenant***
Pour avoir la certitude de récompenser votre chien au bon moment, observez-le attentivement et assurez-vous que vous avez des friandises sous la main avant de commencer – vous pourrez alors le récompenser au moment précis où il vous obéira. Même si vous avez commis une erreur et n'avez pas de friandises sous la main, félicitez-le avec enthousiasme. N'attendez pas qu'il pense à autre chose.

△ ***Récompensez l'action appropriée***
Soyez parfaitement clair sur ce que vous demandez à votre chien. Si vous récompensez le mauvais comportement, par exemple ici le fait qu'il lâche le jouet en dehors de la boîte et non dedans, votre chien n'apprendra pas ce qu'il doit apprendre.

« **Observez** attentivement votre chien, **préparez** votre **friandise** et **offrez**-la lui **immédiatement**. »

◁ ***Récompensez ses moindres efforts***
Durant les premières séances, récompensez les moindres tentatives de votre chien, même si ce n'est pas la perfection ni exactement ce que vous attendiez. Cela évitera de le décourager.

CONSEILS

Une mauvaise synchronisation générera désintérêt ou frustration. **Si le chien essaie de s'en aller pendant la séance ou s'il aboie de frustration, revoyez votre séquence action/récompense.**

Si vous ne le récompensez pas au bon moment, cela peut ne pas avoir de conséquence sur les exercices faciles, **mais vous risquez d'avoir du mal avec les tâches plus complexes. Vous pouvez aussi demander l'aide d'un éducateur qui vous aidera à vous redonner (à vous et à votre chien…) le goût de l'effort.**

Identifiez les signes
Si votre chien traîne pendant la séance, c'est peut-être que vous ne le récompensez pas au bon moment. Corrigez le tir.

Une **mauvaise** compréhension

Le chien possède un cerveau moins élaboré que celui de l'homme et son intelligence est moindre. Bien que vous soyez tenté de le traiter comme un enfant, n'oubliez jamais qu'il n'en est pas un et que c'est à vous de l'aider au maximum à comprendre ce que vous attendez de lui.

Si vous voulez réussir son éducation, vous devez vous mettre à sa portée. Sinon, il sera troublé et ne réagira pas à vos ordres. N'hésitez pas à retourner à l'étape précédente si nécessaire et récompensez-le à chaque fois qu'il agit comme il faut pour l'inciter à recommencer la prochaine fois.

△ ***Aidez votre chien***

Ce chien a besoin d'aide. Sa maîtresse lui en a demandé trop et il ne comprend pas ce qu'il doit faire. Ne vous laissez surtout pas aller à votre frustration et à penser que votre chien vous désobéit volontairement.

△ ***Ayez une attitude claire***

Cette personne a demandé à son chien de rapporter un jouet et l'appelle. Le chien réagit aussitôt à l'appel, oubliant provisoirement le jouet. Il est facile de penser que l'animal le fait exprès.

▷ ***Retournez à l'étape précédente***

Retourner à l'étape précédente permet au chien de marquer un bon point et renforce sa confiance. Collez un post-it sur la porte du placard pour susciter la bonne réaction de sa part : penser à la fermer (p. 184-185).

« **Aidez votre chien** en lui rappelant **gentiment** ce que **vous voulez** qu'il fasse – c'est la **clé du succès.** »

Δ *Montrez-lui le jouet*
Aidez votre chien en lui montrant ce que vous vouliez. Veillez à le récompenser comme il faut quand il vous obéit pour l'inciter à se rappeler ce qu'il doit faire la prochaine fois que vous lui demandez de rapporter un jouet.

▷ *Récompensez sa réussite*
Après lui avoir bien fait comprendre ce que vous attendez de lui, ne récompensez que le comportement escompté. Ainsi, il a toutes les chances de réitérer ce comportement à votre prochaine demande.

CONSEILS

Partez du principe que votre chien est perplexe et ne comprend pas votre demande : il n'est ni désobéissant ni têtu.

Si votre chien ne vous obéit pas, vérifiez qu'il se porte bien et a envie de la récompense que vous lui offrez, puis reprenez la façon dont vous lui avez appris cet exercice pour la première fois et aidez-le à vous comprendre.

Ne vous laissez pas aller à la colère si le chien n'agit pas comme il faut. Ressortez plutôt un exercice qu'il maîtrise bien et récompensez-le. Puis faites un tour pour vous calmer et reprenez la séance d'éducation après avoir mieux pensé l'exercice que vous lui proposez.

Remettez-vous en cause
Si votre chien décroche, arrêtez la séance. Réfléchissez à d'autres moyens de lui faire comprendre plus facilement ce que vous voulez qu'il fasse.

Un trop-plein d'énergie

Les jeunes chiens et les races dynamiques de nature ont besoin de beaucoup d'exercice physique avant de pouvoir se concentrer sur l'apprentissage. Une fois que votre animal aura dépensé son trop-plein d'énergie, il se concentrera plus facilement sur vos exercices éducatifs.

Si votre chien est turbulent et excitable, il sera incapable de se concentrer longtemps. Alors avant d'envisager une séance d'entraînement, pensez à canaliser son trop-plein d'énergie dans une promenade, une course ou une partie de jeu endiablée. Pendant combien de temps pouvez-vous lui permettre de se défouler avant de passer aux choses sérieuses ? Tout dépend de son âge et de sa race. Évitez surtout de l'épuiser avant sa séance d'éducation.

◁ ***Le fatiguer juste ce qu'il faut***
Avant des exercices éducatifs relativement sédentaires qui réclament un chien paisible, par exemple lui apprendre à rester tranquille (p. 192-193), assurez-vous que votre compagnon a pu suffisamment courir et jouer pour dépenser son énergie débordante.

▽ ***Le laisser courir librement***
Les chiens vifs et dynamiques ont absolument besoin de courir en liberté. Mais pour lui enlever la laisse en toute sécurité, apprenez-lui à obéir au rappel (p. 124-125).

« Le **dynamisme** plus ou moins **débordant** de votre chien **dépend** de son **âge** et de sa **race.** »

▽ ***Une attention peu soutenue***
Le chiot ayant du mal à avoir une attention soutenue, organisez des séances courtes. Ne vous attendez pas à ce qu'il reste immobile longtemps – son désir d'aller et venir sera plus fort.

△ ***Une stimulation mentale***
Jouez avec lui à des jeux intéressants qui le stimuleront mentalement – et physiquement, bien sûr. Un jeune chien plein d'entrain travaillera plus volontiers après une séance de jeu.

◁ ***L'âge favorise la concentration***
Les chiens plus âgés peuvent se concentrer plus longtemps et entamer une séance d'éducation sans avoir besoin de se dépenser beaucoup auparavant.

CONSEILS

Si votre chien se laisse facilement distraire ou s'il est d'une nature active et excitable – il vous saute dessus ou vous mordille les mains, par exemple, laissez-le dépenser son trop-plein d'énergie en jouant ou en courant librement avant la séance.

Augmentez la quantité d'exercice à chaque promenade en jouant avec lui. Emportez des jouets – cela vous évitera de lui lancer des bouts de bois à rapporter avec lesquels il peut se blesser.

Gardez le contrôle
Tous les chiens ont besoin d'être libres de courir et de jouer sans laisse, mais ils doivent rester sous votre contrôle et obéir au rappel.

Des attitudes dérangeantes

De nombreux chiens se comportent comme il faut chez eux, mais se montrent désobéissants partout ailleurs. Ce n'est pas de leur faute, mais celle de leur maître, qui n'a pas veillé à les éduquer dans les contextes les plus variés.

Si votre chien ne vous obéit pas quand il n'est pas chez lui, il se peut qu'il n'ait pas parfaitement intégré vos signaux. Ou qu'il se laisse distraire par des lieux inconnus qu'il a envie d'explorer. La clé de la réussite ? Lui apprendre tous les exercices dans des endroits différents, et ce dès le départ, les répéter suffisamment et récompenser leur bonne exécution par des friandises dont il se régale.

◁ ***Il est perturbé***
Si votre chien se couche et se détend à la maison quand vous avez des invités mais pas chez vos amis, poursuivez son éducation. Rendez visite à vos amis pour pratiquer les exercices chez eux.

▽ ***Il fait la sourde oreille***
Il arrive couramment que les chiens échappent à leur maître en promenade. Ils obéissent aussitôt au rappel à la maison, mais n'ont pas appris à obéir dans un environnement plus stimulant.

« Les chiens **qui n'obéissent pas ailleurs** que **chez eux** ne sont pas de **"vilains"** chiens ; ils sont **distraits**, tout simplement. »

« Soyez **gentil** et **patient. Répétez** les exercices dans les endroits **les plus variés.** »

◁ ***Utilisez une longe de dressage***
Éduquez patiemment votre chien à l'aide d'une longe de dressage jusqu'à ce qu'il vous obéisse systématiquement. Veillez à avoir ses friandises préférées sous la main et n'hésitez pas à répéter les exercices autant de fois que nécessaire.

△ ***Il ne sait plus ce qu'il doit faire***
Beaucoup de chiens perdent leurs moyens devant un public. Un endroit différent et la présence d'autres personnes suffisent à les perturber au point qu'ils ne savent plus ce qu'ils doivent faire.

△ ***Retour aux bases***
Si votre chien est perdu, retournez aux exercices de base pour qu'il comprenne facilement ce que vous lui demandez. Il ne tardera pas à se rappeler ce qu'il doit faire et finira par épater son public dans de nombreux environnements différents.

CONSEILS

Un chien qui n'obéit pas ailleurs que chez lui n'est pas un « vilain » chien; il se laisse distraire ou ne comprend pas. C'est parce que vous ne l'avez pas suffisamment éduqué dans des environnements variés *(p. 114-115)*. Reprenez les exercices ailleurs et dans d'autres conditions jusqu'à ce que votre animal se comporte comme il faut, partout et en toutes circonstances.

Si votre chien est anxieux hors de son cadre familier, il mettra plus de temps à vous obéir parce qu'il sera occupé à guetter des menaces potentielles. Aidez-le à surmonter son anxiété *(p. 156-157)*. Avec le temps, il devrait se détendre et devenir réceptif à vos ordres.

Un nouveau lieu
Éduquer son chien dans différents environnements lui permet de se sentir détendu et suffisamment confiant pour réagir comme il faut en toutes circonstances.

Vilain chien ?

Vous résoudrez plus facilement les problèmes éducatifs que vous rencontrez si vous vous mettez à la place de votre chien pour savoir ce qu'il trouve gratifiant. Et arrangez-vous pour qu'il soit satisfait de vous obéir.

Un comportement **agressif** (1)

La principale cause d'agression chez le chien est la peur. Dans ce cas, il agresse parce que c'est le seul moyen pour lui de supprimer la menace. S'il se sent vraiment en danger, il peut même mordre.

Un chien réserve généralement son agressivité à des étrangers suspects, mais il peut agresser son maître si ce dernier le punit ou lui fait très peur. Les comportements d'agression à l'égard de congénères sont également suscités par la peur. Le chien commence par intimider son adversaire, mais si cela ne décourage pas le congénère, il attaque pour se protéger. Il commence par grogner, puis montre les dents et, enfin, mord vraiment. Mais, dans certains cas, il peut mordre sans prévenir s'il se sent réellement en danger.

▷ ***« Va-t'en ! »***
Les maîtres ont du mal à croire que leur chien attaque par peur car, pour eux, il ne semble pas avoir peur quand il aboie ou montre les dents. Or, leur chien les a certainement prévenus en exprimant sa peur par son langage corporel, mais ils l'ont ignoré, ce qui l'oblige à attaquer pour être plus clair.

▽ ***La fuite est impossible***
Ce chien est attaché et n'a pas d'autre moyen de faire face au danger que de se montrer agressif. La plupart des chiens ne veulent pas mordre et essaient d'abord de repousser la menace par toute une panoplie d'avertissements.

◁ ***L'agressivité du dominé***
Un jeu qui dégénère peut obliger le dominé à devenir agressif pour stopper la partie. S'il réussit, il répétera ce comportement dans une autre situation similaire.

△ ***La solution de la muselière***
La muselière permet d'assurer une sécurité minimum mais un chien muselé n'est pas toujours inoffensif. Une thérapie comportementale s'avère alors indispensable.

◁ ***Prévenir l'agressivité***
Familiariser votre chiot avec tout ce qu'il rencontrera dans sa vie d'adulte (p. 92-93). *Un chiot mal socialisé peut devenir peureux et mordeur.*

« Dans certains cas, un chien peut **mordre sans prévenir** s'il est vraiment **effrayé**. »

CONSEILS

Tenez votre chien à l'écart de ce qui l'effraie pour minimiser ses chances d'avoir peur. Éloignez-vous de cette menace potentielle dès que vous percevez les premiers signes de détresse ou de peur *(p. 74-75)*.

Ne forcez jamais un chien peureux à affronter ce qui lui fait peur. Montrez-vous compréhensif et essayez au contraire de l'aider à trouver un moyen de surmonter ses peurs.

L'agression par peur est un problème grave qui réclame de l'aide. Demandez d'abord conseil à votre vétérinaire. Il peut vous orienter vers un comportementaliste canin qui élaborera un programme de désensibilisation à la source de la peur et de contre-conditionnement pour remplacer les sentiments négatifs par des sentiments positifs.

Un chien craintif
Les chiens craintifs risquent de mordre par peur s'ils se sentent en danger. Il faut donc les aider à surmonter leurs peurs.

Un comportement **agressif** (2)

Un chien peut attaquer ou mordre pour bien d'autres raisons que la peur. Le maître doit apprendre à identifier le problème et prendre des mesures pour empêcher son animal de recourir systématiquement à l'attaque.

Les chiens n'ont pas de mot pour nous dire que quelque chose ne va pas ou nous demander de l'aide. La plupart vivent pacifiquement avec leurs congénères et nous, les humains, mais recourent parfois à des comportements d'agression pour imposer leur volonté ou exprimer ce qu'ils ont à exprimer. La clé du problème consiste à découvrir la cause de ce comportement. Si votre chien est agressif, c'est peut-être parce qu'il a peur qu'on lui vole sa nourriture ou qu'on lui fasse mal (en lui marchant sur la queue, par exemple) ; il peut aussi s'agir d'une agression de dominance – une compétition entre chiens du foyer pour obtenir la prééminence.

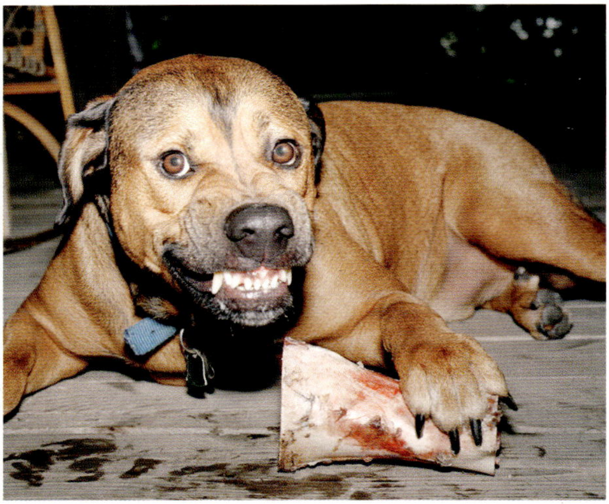

« Les chiens **n'ont pas de mot** pour nous dire que **quelque chose ne va pas** ou nous demander de l'**aide.** »

◁ ***« C'est à moi ! »***
Protéger sa nourriture est un comportement naturel chez le chien – c'était une question de survie pour ses ancêtres. Ce chien pense qu'on veut lui prendre sa nourriture. À nous de le persuader du contraire.

▽ ***Soyez vigilant***
Si votre chien se montre agressif envers des congénères, tenez-le en laisse, à distance des autres chiens et focalisez son attention sur vous, son maître. Demandez l'aide d'un professionnel pour une solution à long terme.

▽ ***Mésentente***
Les conflits entre deux chiens vivant sous le même toit sont courants, surtout quand ils sont entiers. Le maître peut renforcer une hiérarchie existante ou faire stériliser ses chiens (p. 88-89). *Mais aussi demander l'aide d'un comportementaliste.*

▷ ***« Aïe ! »***
Les chiens sensibles peuvent trouver la séance de toilettage particulièrement pénible et se montrer agressifs envers leur maître pour lui faire savoir. Si vous avez des gestes doux, votre animal apprendra à vous faire confiance. Brossez-le lentement en évitant de lui tirer les poils et libérez-le le plus tôt possible.

CONSEILS

La race détermine largement les tendances bagarreuses d'un chien ou sa promptitude à mordre. Certaines races ne sont pas réactives et ont un seuil de tolérance élevé, alors que d'autres réagissent aussitôt à la moindre provocation. Mais le chien peut aussi ne pas se sentir bien dans sa peau, tout simplement – avoir trop chaud, être affamé ou être trop fatigué, par exemple.

De nombreux maîtres deviennent agressifs face à l'agressivité de leur chien. Or, c'est le meilleur moyen de rendre l'animal encore plus agressif et de détruire la relation entre le maître et son chien. Si c'est votre cas, demandez conseil à un comportementaliste.

L'influence de la race
Les Terriers ont été sélectionnés pour leur courage et leur combativité. Rien d'étonnant, donc, à ce qu'ils soient prompts à attaquer. C'est pourquoi ils réclament une excellente socialisation.

10 questions-réponses

Même si vous avez une patience à toute épreuve, vous pouvez rencontrer des difficultés dans l'éducation de votre chien. Voici quelques exemples de problèmes très répandus et des conseils pertinents pour les résoudre.

Q ***Mon chien tire sans cesse sur sa laisse quand je l'emmène au parc. Que puis-je faire ?***

R Il tire sur sa laisse pour être plus vite au parc. Faites-lui comprendre que cela va, au contraire, ralentir sa progression – parce que vous allez vous arrêter et le faire attendre, alors que s'il laisse du jeu à sa laisse, vous irez plus vite. Commencez l'exercice *(p. 134-135)* dès le moment où vous attachez sa laisse à son collier pour le sortir. Au début, vous allez mettre plus de temps pour aller au parc, puis vous marcherez plus vite en vous arrêtant moins souvent. Permettez-lui de dépenser son trop-plein d'énergie en le faisant jouer dans le jardin avant d'aller au parc. Ainsi, il sera moins impatient d'aller se défouler.

« **Récompensez** votre chien comme il faut s'**il fait** ce que vous lui **dites.** »

Q ***J'apprends à mon chien à sauter un obstacle avec un jouet dans sa gueule, mais il le lâche sans cesse. Que dois-je faire ?***

R Il est parfaitement normal pour un chien d'oublier de faire une chose en se concentrant sur une autre. Apprenez-lui séparément le saut *(p. 168-169)* et le rapport d'objets *(p. 136-141)* jusqu'à ce qu'il maîtrise chaque exercice. Puis demandez-lui de faire les deux à la fois. S'il lâche le jouet avant de sauter, ne le récompensez pas, mais demandez-lui aussitôt de rapporter le jouet et de sauter à nouveau (placez l'obstacle à très faible hauteur au début). Attendez-vous à devoir répéter patiemment ce double exercice autant de fois que nécessaire. S'il réussit, félicitez-le avec enthousiasme.

Q ***Mon chien s'assoit toujours tout près de moi. Comment puis-je lui apprendre à s'asseoir plus loin ?***

R Jusque-là, vous l'avez uniquement récompensé pour s'asseoir à côté de vous. Alors quand vous lui demandez de s'asseoir, il pense qu'il doit d'abord venir vous rejoindre. Apprenez-lui à savoir qu'il va être récompensé pour s'asseoir là où il se trouve, quel que soit cet endroit *(p. 152-153)*, en l'empêchant de venir vers vous jusqu'à ce qu'il comprenne ce que vous attendez de lui. Ne vous fâchez pas s'il s'avance vers vous, car vous risquez de l'inciter à ramper d'un air penaud.

Q ***Mon chien me rapporte son jouet, mais refuse de me le donner. Que puis-je faire ?***

R Certains chiens préfèrent encore la possession à la poursuite du jouet. Ils ont du mal à s'en séparer parce que vous leur prenez quelque chose auquel ils tiennent. Encouragez votre compagnon à vous donner son jouet en lui offrant quelque chose qu'il apprécie davantage, son jouet préféré, une friandise… Il aura peut-être moins de mal à lâcher le jouet qu'à vous autoriser à le lui prendre. Faites-lui comprendre qu'il peut vous faire confiance, que vous lui rendrez son jouet dès que vous l'aurez et que vous le lui relancerez pour qu'il aille le rechercher.

Q ***Quand mon chien fait le mort* (p. 166-167)*, il se roule sur le dos et remue la queue. Comment puis-je lui apprendre à rester immobile ?***

R C'est extrêmement drôle, pourquoi ne pas accompagner ce comportement d'un signal verbal ou gestuel pour inciter votre chien à le refaire la prochaine fois *(p. 110-111)* ? Quand vous voulez lui apprendre à faire le mort, appâtez-le avec une friandise pour le positionner correctement, puis récompensez-le sous forme d'approbation sociale *(p. 108-109)*. Au début, récompensez son immobilité, puis incitez-le à garder la pause de plus en plus longtemps avant de le récompenser. S'il remue la queue, retenez-vous de rire et incitez-le à corriger sa position en l'appâtant avec une friandise avant de le récompenser.

Q ***J'ai essayé de faire jouer mon Setter anglais, mais il n'est pas intéressé. Que puis-je faire ?***

R Le jeu est, à l'origine, un comportement préparatoire à la chasse. Faites bouger un jouet dans tous les sens pour simuler la course d'une petite proie et encourager votre chien à la pourchasser. Attachez un petit morceau de peau de mouton à une longe et faites-la zigzaguer pour encourager votre compagnon à bondir dessus. Montrez-lui, puis, faites-la disparaître. Stoppez le jeu avant tout signe de lassitude, puis reprenez la partie un peu plus tard. Vous allez voir que des séances de jeu de ce type, courtes et amusantes, vont développer peu à peu son intérêt. Vous pourrez ensuite le faire jouer avec des jouets.

Q ***Mon chien s'élance vers les gens sans obéir à mon rappel. Comment puis-je lui apprendre à revenir vers moi sur commande ?***

R L'inconvénient d'avoir un chien extrêmement bien socialisé, c'est qu'il est tellement sociable qu'il est difficile de l'empêcher de saluer toutes les personnes qu'il rencontre en promenade. Pour lui apprendre à obéir systématiquement au rappel *(p. 150-151)*, utilisez une longe de dressage en évitant de vous prendre les pieds dedans ou de faire des croche-pieds aux passants. Vous pourrez ainsi le ramener doucement à chaque fois qu'il voit quelqu'un qu'il veut saluer. Récompensez-le comme il faut s'il revient, même si vous lui avez forcé la main, puis laissez-le saluer la personne dans un cadre contrôlé.

« Laissez-le **saluer la personne** en le gardant **sous contrôle.** »

Q ***Mon chien ne veut pas aller se coucher quand nous avons de la visite. Que dois-je faire ?***

R Les récompenses que vous lui offrez en échange d'aller se coucher ne sont pas aussi gratifiantes, à ses yeux, que le plaisir de rester au milieu des visiteurs.
Par conséquent, vous devez soit le récompenser davantage pour aller se coucher (avec un os à mâcher, par exemple), soit accepter qu'il aime la compagnie des humains et lui apprendre les bonnes manières en société. Vous pouvez aussi attendre que l'excitation retombe avant de lui demander d'aller se coucher. Sinon, insistez doucement pour qu'il vous obéisse en maniant la longe *(p. 118-119)*.

« Donnez-lui **un os à mâcher** dans son coin… ou **apprenez-lui** les **bonnes manières.** »

Q ***Quand je demande à mon chien de rapporter sa laisse, il me rapporte d'abord toutes sortes d'objets avant la laisse. Comment puis-je lui apprendre à agir correctement du premier coup ?***

R Prenez les objets qu'il vous rapporte, mais ne le récompensez pas. Mais quand il vous rapporte sa laisse, félicitez-le. Il ne va pas tarder à comprendre qu'il n'est pas récompensé quand il rapporte autre chose. Pour lui faciliter la tâche, reprenez l'exercice *(p. 178-179)* où la laisse est bien en vue. Au fil des séances, ajoutez un autre objet et aidez-le à faire le bon choix.

Q ***J'adore aller me promener avec mon amie et son chien, mais mon chien tire tellement sur sa laisse que la balade n'est pas un plaisir. Comment puis-je l'en empêcher ?***

R Apprenez à votre chien à marcher au pied en laisse dans toutes les situations *(p. 132-135)*. Puis organisez une séance d'éducation avec les deux chiens. Demandez à votre amie de marcher autour de vous en décrivant un grand cercle pendant que vous faites marcher votre chien au pied en ligne droite. Répétez l'exercice jusqu'à ce que votre animal marche calmement à vos côtés. Puis habituez vos deux chiens à marcher côte à côte en demandant à votre amie de marcher très lentement.

6

Les activités de plein air

Sports canins et loisirs

Sports canins et loisirs

Les sports canins **enthousiasment** autant les **chiens** que leurs **maîtres**. Et ils sont **nombreux**, d'où un **choix difficile**. Trouvez la discipline **la mieux adaptée** à votre animal et à vous, et c'est parti pour de **longues heures** de **plaisir partagé** ! Utilisez les exercices éducatifs des chapitres précédents pour **habituer** votre chien à **réagir comme il faut** à vos signaux. Les sports canins sont **l'occasion** idéale d'**améliorer** vos **compétences** en matière d'éducation et de passer des **moments privilégiés** avec votre chien. Vous les **découvrirez** dans ce chapitre, accompagnés de **conseils utiles** pour faire le bon choix et **préparer votre chien physiquement**.

LE TRAVAIL À L'EAU
Les chiens, en particulier les Retrievers, adorent nager. Vous pouvez entraîner le vôtre à rapporter des objets dans l'eau.

Les bienfaits du sport

Les activités sportives canines sont très amusantes. Vous n'aurez que l'embarras du choix et votre compagnon y trouvera un moyen formidable de canaliser son énergie et d'entretenir sa forme de manière ludique. Chaque sport vous offrira un éclairage différent sur l'éducation et améliorera vos compétences dans ce domaine.

△ ***La star des podiums***
Les chiens sociables et qui ont l'esprit de compétition sont stimulés par l'effervescence des manifestations sportives.

Une fois que votre chien possède les bases d'éducation et d'obéissance, vous allez pouvoir pratiquer ensemble un sport canin. Une activité sportive vous donnera un objectif à atteindre et améliorera considérablement vos connaissances et votre savoir-faire en matière d'éducation.

▷ ***L'agility***
Le chien et son maître doivent être vifs, adroits et souples pour négocier rapidement les changements de direction.

Elle vous permettra de rencontrer des personnes qui partagent votre passion et, quand vous en serez au stade des compétitions, vous donnera l'occasion de voir du pays. Si vous utilisez exclusivement des méthodes d'éducation positive et veillez à ce que les séances d'entraînement restent toujours un plaisir pour votre chien, votre animal ne tardera pas à y prendre goût, lui aussi. La pratique d'un sport canin est une source d'exercice physique et de stimulation mentale. Votre chien développera ses qualités physiques, son intelligence et ses réflexes. La discipline choisie lui permettra de rester en bonne santé et renforcera votre complicité.

« Votre chien développera ses **qualités physiques** et son **intelligence**, et votre **complicité** se **renforcera**. »

◁ ***Les concours de travail***
On les appelle fields-trials. *Ils sont multiples et de différents niveaux. C'est essentiellement l'instinct de chasseur du chien qui est évalué.*

▽ ***Le cani-cross***
Ici, le maître doit aimer autant courir que son chien ! L'entraînement doit privilégier l'endurance.

▷ ***Le* flyball**
Dans le flyball, *le chien doit appuyer sur une pédale pour libérer une balle. À ce sport, les chiens rapides et actifs sont favorisés.*

L'importance de la pratique

La pratique est la clé du succès dans les sports canins. Durant les championnats, les maîtres sont sur les nerfs, leurs chiens ressentent leur nervosité et les résultats en pâtissent. Seule la pratique permet d'entraîner le chien jusqu'à ce qu'il réagisse aux signaux de façon si automatique que rien ne peut le troubler. L'entraînement à domicile est indispensable et vous devez trouver un lieu doté de tout l'équipement si vous destinez votre chien aux compétitions. Les séances doivent être fréquentes : les heures que vous consacrerez à la pratique d'un sport feront toute la différence en matière de performance.

Quel sport ?

Les pages 234 à 245 vous donneront un aperçu des plus populaires, mais il en existe d'autres, moins connus.

L'activité que vous choisirez dépendra également de l'endroit où vous habitez et de ce qui est proposé dans votre région. Préparez-vous à vous déplacer, notamment si vous envisagez un jour de participer à des compétitions régionales ou nationales. Si vous souhaitez obtenir davantage d'informations sur les différents sports, surfez sur Internet, contactez la Société centrale canine (SCC, *voir p. 253*) et lisez régulièrement la presse spécialisée. Pour en savoir plus sur ce qui est organisé dans votre région, soyez à l'affût des annonces dans les cliniques vétérinaires et les animaleries, et n'hésitez pas à assister à des manifestations canines pour discuter avec d'autres maîtres. Contactez la SCC qui vous fournira l'adresse du club canin le plus proche de votre domicile.

S'inscrire dans un club est indispensable pour parfaire l'éducation de son chien et, surtout, avoir l'autorisation de participer à des compétitions canines. Si vous n'avez pas de club près de chez vous, renseignez-vous pour trouver un éducateur compétent. C'est souvent à l'occasion de manifestations sportives que l'on obtient de bons contacts.

La préparation physique

Qui dit sports canins dit bonne forme physique, donc préparation physique. Il faut y consacrer beaucoup de temps et d'effort. Mais l'entraînement doit être progressif pour laisser à l'organisme le temps de s'adapter.

Se préparer

Tous les sports canins sont actifs et dynamiques et réclament donc un chien en parfaite santé. Si vous n'avez pas un mode de vie très actif, vous allez devoir développer la condition physique de votre animal, sa force et son endurance, pour lui permettre de profiter de son nouveau passe-temps sans se blesser.

∇ ▷ ***Un régime adapté***
Un chien en surpoids (à droite) se fatigue rapidement. Vous devez réduire ses rations alimentaires et augmenter sa dose d'exercice jusqu'à ce qu'il atteigne le poids idéal (ci-dessous).

Chaque sport exigeant des capacités physiques particulières, demandez conseil à des spécialistes de la discipline choisie. Ils vous diront comment développer les qualités physiques de votre chien et vous donneront un programme d'entraînement réaliste. Au préalable, vérifiez que votre chien a un poids correct *(p. 78-79)*. S'il est en surpoids, réduisez ses rations alimentaires et augmentez sa dose d'exercice. Il est très important de lui faire perdre du poids progressivement, les changements alimentaires soudains lui étant néfastes. Avant de mettre en place un régime, parlez-en à votre vétérinaire.

De plus, un chien en bonne forme a besoin d'un maître en bonne forme, alors pensez à vous astreindre, vous

« Une **nouvelle** activité sollicite des **groupes musculaires** que vous n'avez **pas l'habitude** de faire travailler. »

△ ▷ *Faites-le jouer*
Distraire son chien avec des jouets est un bon entraînement physique. Pratiquez le rapport de jouets en évitant d'aller jusqu'à l'épuisement.

△ *Faites du jogging ensemble*
Le jogging en duo est un bon exercice pour développer l'endurance. Comme vous déployez autant d'efforts que votre chien, vous saurez évaluer à quel moment vous devez vous arrêter.

aussi, à un programme de remise en forme si vous savez que vous n'êtes pas à la hauteur. N'oubliez jamais de vous échauffer ensemble avant tout effort physique.

Développer la force musculaire

Une nouvelle activité sportive sollicite des groupes musculaires que vous n'avez pas l'habitude de faire travailler. Votre musculature à tous les deux devra donc se développer suffisamment pour vous permettre une pratique aisée. Si vous demandez à votre chien de sauter sans arrêt ou de rapporter un frisbee que vous lui lancez sans relâche alors qu'il n'en a pas l'habitude, vous allez lui donner de terribles courbatures. Modérez donc votre enthousiasme et pensez au bien-être de votre chien. Essayez de planifier vos séances pour vous dire : « Voilà, aujourd'hui je vais répéter tant de fois tel exercice. »

Développer l'endurance

Certains sports réclament beaucoup d'endurance (des heures, voire des journées de travail) de la part du chien. De nombreuses races en sont capables, mais il leur faut du temps pour augmenter progressivement leur résistance physique.

Votre chien étant dans l'impossibilité de vous dire quand il en a assez et la plupart refusant de s'arrêter si leur maître veut continuer, organisez un programme d'entraînement régulier et progressif avec l'aide d'un spécialiste et de votre vétérinaire. Cela prendra sans doute du temps, mais épargnera bien des blessures et des arrêts d'activité forcés à votre chien.

▷ *Sport et santé*
Les sports canins entretiennent la forme physique, la force et la souplesse. Un entraînement progressif prévient les blessures.

L'*agility*

L'*agility* est un sport canin inspiré du sport équestre. Il consiste à franchir des obstacles et réclame beaucoup d'adresse et de rapidité. Roi des sports canins, il amuse follement les chiens et leurs maîtres.

Apprécié autant des chiens que des maîtres, ce sport canin repose sur le jeu et la complicité entre le chien et son maître. Les chiens apprennent à négocier différents obstacles et, une fois qu'ils les franchissent sans problème, doivent réaliser le parcours en un temps donné. Pendant les compétitions, on leur demande de franchir les obstacles dans un ordre donné et sans faux pas, et le vainqueur est le chien le plus rapide ayant accumulé le moins de pénalités. Il est possible de pratiquer l'*agility* à la maison avec un équipement minimal, mais indispensable de s'inscrire dans un club pour participer aux compétitions et pouvoir profiter d'un matériel difficile à avoir chez soi, dont le « A ». Un bon club vous fera découvrir toutes les subtilités des obstacles et vous donnera toutes les informations nécessaires sur les championnats régionaux et nationaux. Le chien doit avoir terminé sa croissance pour pratiquer l'*agility*. Un entraînement prématuré risque d'endommager ses os et ses articulations. D'où un âge minimal de 18 mois requis pour participer aux compétitions.

« Le chien commence par **apprendre** à **négocier** différents obstacles. Ensuite, il doit effectuer le parcours **en un temps défini**. »

▽ **Apprendre à sauter**
Le saut en hauteur peut être pratiqué à la maison. Les chiens de petite taille doivent sauter des obstacles de 25 cm, les plus grands de 65 cm.

△ **Apprendre à traverser un tunnel**
Au départ, les tunnels peuvent être raccourcis pour encourager le chien à les traverser. Mais l'animal, comme ici ce West Highland White Terrier, prend vite confiance en lui si l'entraînement a été progressif.

L'anneau
L'anneau est suspendu à une armature flexible dont on modifie la hauteur au fur et à mesure de l'entraînement. Le chien doit évaluer la hauteur de l'obstacle pour réussir à passer à l'intérieur.

▷ Franchir les tunnels
Les tunnels peuvent être droits ou incurvés, rigides ou souples. Ils doivent être stabilisés au sol, car en compétition, les chiens les traversent à toute allure.

◁ Savoir anticiper
Le chien et son maître doivent toujours anticiper l'obstacle suivant. En franchissant ce pneu, ce chien sait déjà comment il va négocier le prochain obstacle du parcours.

▽ Le slalom
Le chien doit entrer du bon côté et slalomer entre les barres successives sans en rater une seule. C'est facile à faible vitesse, mais beaucoup plus difficile à négocier à vive allure.

△ La balançoire
La balançoire est l'un des agrès de contact les plus difficiles.
Les 90 premiers et derniers centimètres de la planche sont les zones de contact que le chien doit absolument toucher. L'animal apprend peu à peu où se situe le point de bascule.

◁ Le saut en hauteur
La précision du saut est essentielle et le chien perd des points s'il fait tomber la barre. Le parcours exige de nombreux changements de direction, et il est facile de faire tomber les obstacles en prenant un virage un peu trop à la corde !

▷ **L'harmonie parfaite**
Ce chien et sa maîtresse se produisent sur scène. Ils forment un couple en synchronie et en harmonie parfaites – vous entendriez presque la musique derrière ! Voilà un bel exemple d'obé-rythmée, une discipline ludique, certes, mais qui exige des heures de répétition.

▽ **Danse en musique**
La chorégraphie se décompose en plusieurs figures, apprises au chien une par une. Rapidité et précision sont les clés d'une exécution parfaite. Ensuite, les figures sont enchaînées et mises en musique.

L'obé-rythmée

L'obé-rythmée, qui consiste à danser avec son chien sur un fond musical, n'en est qu'à ses débuts en France. Une chorégraphie soigneusement préparée et mise en musique pour un spectacle endiablé où l'animal et son maître prennent autant de plaisir l'un que l'autre.

▷ **Tout est permis**
L'obé-rythmée autorise l'utilisation d'accessoires, qu'il s'agisse de cordes à sauter, de cannes, de cerceaux ou de chapeaux. Plus les figures sont variées et complexes, plus le spectacle est intéressant et plus le duo marque de points.

L'obé-rythmée est une discipline dynamique et ludique d'origine anglaise reconnue en France par la SCC et gérée par la CNEA *(voir p. 253)*. Elle est appelée *Heelwork to Music* (HTM) au Royaume-Uni et *Freestyle* aux États-Unis. Pourquoi ? Parce qu'outre-Manche elle est surtout fondée sur la marche au pied, alors qu'outre-Atlantique les figures sont plus libres, ce qui rend le spectacle plus divertissant.
La chorégraphie ne doit pas durer plus de quatre minutes. Les participants sont jugés sur le contenu technique de leur programme (une grande variété de figures est appréciée) et l'exécution artistique. De nombreux clubs canins proposent aujourd'hui des cours pour débutants.
L'entraînement repose sur des encouragements et des récompenses, car il est quasiment impossible d'obliger son chien à exécuter certaines figures s'il n'en a pas envie. C'est la raison pour laquelle cette discipline amuse autant le chien que son maître, et l'on remarque que les chiens expérimentés deviennent très excités dès qu'ils entendent la musique de leur chorégraphie.
L'obé-rythmée est ouverte à tous les chiens âgés d'au moins 12 mois. Il existe différents niveaux d'épreuves (premier pas, novice, intermédiaire et avancé). Comme pour l'*agility* et le *flyball*, une licence est obligatoire. Cette discipline convient aux chiens actifs qui ne rechignent pas à répéter les figures autant de fois que nécessaire et aux maîtres qui ont le sens du rythme. Les mouvements sont faciles à apprendre, à condition que le chien sache obéir. D'où l'intérêt de lui avoir donné une bonne éducation. N'hésitez pas à revoir les exercices *(p. 122 à 185)*.

« Cela **amuse** autant **le chien** que **son maître,** et les chiens sont très **excités** dès qu'ils entendent la **musique** de leur **spectacle.** »

Le *flyball*

Le *flyball* est terriblement amusant, dynamique et excitant. Les participants doivent franchir des haies avant d'atteindre un dispositif à pédale sur lequel ils appuient pour libérer une balle, l'attraper au vol et la rapporter à leur maître après avoir sauté les haies en sens inverse.

Né dans les années 1960 en Californie, le *flyball* n'existe en France que depuis quelques années. Le principe est le suivant: le chien doit franchir quatre haies alignées avant d'atteindre un dispositif appelé lanceur et d'appuyer sur la pédale pour éjecter une balle de tennis. Il doit saisir la balle au vol et la rapporter à son maître en réalisant le parcours en sens inverse.

Chacune des deux équipes se compose de quatre chiens. Une fois que le premier chien est de retour, le deuxième s'élance, et ainsi de suite jusqu'à ce que les quatre aient couru. Si l'un des chiens commet une faute (par exemple contourne un obstacle ou ne rapporte pas la balle), il doit recommencer le parcours jusqu'à le réussir. L'équipe victorieuse est celle qui a ramené toutes les balles sans la moindre faute dans le temps le plus court.

Le *flyball* est un sport passionnant qui ravit à la fois les spectateurs, les chiens et les maîtres. Tous les chiens vifs et actifs peuvent le pratiquer. L'aspect le plus difficile de l'entraînement est d'apprendre à l'animal à ne pas prendre de raccourcis en contournant les haies au lieu de les franchir.

Ce sport fait le bonheur des maîtres sociables, qui apprécient les sports d'équipe, et des chiens dynamiques qui adorent rapporter des objets.

« Le *flyball* est un **sport passionnant** qui ravit **à la fois** les **spectateurs,** les **chiens** et les **maîtres.** »

△ Franchir les haies
Les haies, blanches, sont constituées de deux montants, d'une partie basse (latte fixe surmontée d'un boudin de protection) et d'un lot de lattes intermédiaires pour régler la hauteur. La latte la plus haute est toujours protégée par une mousse ou toute autre protection.

▷ Saisir la balle au vol
Le lanceur est une boîte munie d'une pédale qui éjecte la balle quand le chien appuie sur la pédale. L'animal doit être suffisamment adroit pour l'attraper au vol.

Rapporter la balle
Les chiens adorent courir pour rapporter la balle à leur maître. Les meilleurs « flyballeurs » sont rapides et précis, mais les spectateurs guettent le moment où un participant contournera l'obstacle ou lâchera la balle – ça met un peu de suspense !

L'obéissance et le ring

L'obéissance classique et le ring sont des sports plus rigoureux que l'*agility*, l'obé-rythmée ou le *flyball*. Ils sont réservés aux chiens qui aiment travailler et aux maîtres qui aiment faire travailler leurs chiens.

L'obéissance

Le règlement et le programme varient d'un pays à l'autre. En France, les concours comportent trois échelons progressifs, la classe 3 donnant accès aux championnats de France, d'Europe et du monde. Ils sont ouverts aux chiens de toutes races reconnues par la SCC. Les chiens doivent avoir leur carnet de travail et être titulaires du Certificat de sociabilité et d'aptitude à l'utilisation (CSAU) pour participer aux concours. De toute façon, le CSAU est indispensable à toute participation à des compétitions canines et se prépare au sein des clubs d'éducation. Selon la classe, le programme inclut la marche au pied en laisse et sans laisse, le rappel, l'absence du maître, le rapport d'objet, le contrôle à distance, le saut de haie, l'envoi en avant, l'odorat et rapport. Choisissez un club qui apprend dans la bonne humeur. Attention, la concurrence est rude, alors si vous voulez rivaliser avec les meilleurs, suivez un entraînement rigoureux.

Le concours en ring

Le ring est la discipline la plus pratiquée en France. Les concours se déroulent sur des terrains aménagés et fermés. La discipline réclame des chiens physiques, rapides, volontaires, courageux, équilibrés, sachant se dominer et réceptifs au maître. Elle comporte deux parties : l'obéissance et le mordant. L'obéissance comprend le rapport d'objet au vu, au lancé, le refus d'appât, la suite au pied en laisse et sans laisse, les exercices de positions avec et en l'absence du conducteur et l'envoi en avant. Au plus haut niveau, elle inclut le saut de haie, le saut en longueur et le grimper de palissade. Le mordant comporte différents types d'attaques, la garde d'objets, la recherche et la conduite de l'homme d'attaque et la défense du conducteur.

△ **La suite au pied en laisse**
Dans un concours d'obéissance, le chien doit absolument rester au contact et épouser les mouvements du maître. Le moindre écart est pénalisé.

▷ **Le rapport d'objet**
Le rapport d'haltère est exigé dans les concours d'obéissance. Le chien est jugé depuis le moment où il s'élance jusqu'au moment où il remet l'objet à son maître.

« Le **ring** est étroitement lié, à l'origine, au **travail des chiens policiers**. »

▷ **Le saut en longueur**
Contrairement à ce qu'on peut penser, la plupart des chiens se débrouillent très bien dans le saut en longueur. L'animal doit franchir d'un coup une série de plusieurs éléments séparés.

△ **Odorat et rapport**
Le chien doit suivre les traces odorantes laissées par son maître, qu'elles soient issues de végétaux écrasés, de terre remuée, de cellules cutanées ou de particules de vêtements. Les conditions atmosphériques (vent, pluie, sécheresse, température au sol) influencent la performance du chien.

◁ **La palissade**
Le chien doit attendre le signal de départ, puis franchir la palissade, atterrir de l'autre côté et attendre le rappel de son maître. À moins d'être en excellente condition physique, les chiens risquent de se blesser suite à des atterrissages répétés de cette hauteur.

Les *fields-trials*

Ce sont les concours de chasse et de travail. Ils sont multiples et de différents niveaux. Qu'il s'agisse du TAN ou des *fields-trials* de printemps, d'été et d'automne, seuls les chiens d'arrêt, leveurs et rapporteurs peuvent participer – les rares races à être encore utilisées pour leur fonction d'origine.

Il existe plusieurs types de *fields-trials*: le TAN (Test d'aptitudes naturelles), les *fields-trials* de printemps et d'été, et le *field* d'automne. Le TAN peut être attribué à tout chien d'arrêt âgé de 6 mois minimum et de 36 mois maximum. Le chien est jugé sur trois critères: son instinct de la recherche, son instinct de l'arrêt et son équilibre (bonne réaction au coup de feu). Les *fields-trials* pour chiens d'arrêt sont des épreuves de travail qui mettent en valeur les meilleurs sujets dans chaque race afin qu'ils puissent être utilisés au mieux dans la reproduction. Le but est clairement d'améliorer la race. Les *fields-trials* de printemps et d'été se déroulent sur gibier naturel non tiré. Les *fields* d'automne, eux, sont plus proches de la chasse pratique et se déroulent sur gibier d'élevage tiré.

On distingue les rapporteurs de gibier (retrievers), les leveurs de gibier (épagneuls) et les chiens d'arrêt (pointers et setters).

Les concours de travail des chiens de chasse sont un bon moyen de découvrir le potentiel de votre chien et de donner un but à vos séances d'éducation.

Δ Spécificité anglo-saxonne ?
En Angleterre, de fausses proies en tissu, de même poids que les vraies, sont utilisées dans les concours de chasse et de travail.

« Les **concours de travail** des chiens de chasse sont un **bon moyen** de découvrir le **potentiel** de votre chien et de **donner un but** à vos séances d'éducation. »

◁ **Les Pointers**
Les Pointers et les Setters localisent le gibier à plumes, mais tandis que le Setter s'immobilise et se couche, le Pointer marque un arrêt. Une fois que le chasseur est prêt, le chien fait s'envoler le gibier.

△ **Les Épagneuls**
Les Épagneuls d'origine britannique lèvent le gibier, c'est-à-dire l'effraient et l'obligent à s'envoler. Ce sont des chiens très actifs, toujours en mouvement. Certaines races ont été sélectionnées pour travailler sous le couvert, d'autres dans la lande ou dans l'eau.

△ **Les Retrievers**
Il faut de la force et de l'endurance pour rapporter le gibier d'eau. Les rapporteurs de gibier doivent souvent nager longtemps avant de saisir la proie dans leur gueule, mais ne pas être trop possessifs pour accepter de la donner au chasseur.

▷ **Le garder sous contrôle**
Les tirs peuvent être dangereux, c'est pourquoi le chasseur doit garder le contrôle de son chien en permanence. Les chiens de chasse doivent suivre scrupuleusement les instructions du chasseur. Ils doivent aimer travailler et obéir aux ordres.

Les **autres sports**

Il existe également d'autres sports, beaucoup moins connus. La discipline sportive que vous choisissez dépend du chien que vous avez (race, âge, état de santé), de vos goûts personnels et de vos capacités physiques.

Les sports canins moins connus sont souvent réservés à certaines races de chiens – par exemple, le *racing* et la poursuite à vue sur leurre (PVL) sont réservés aux Lévriers, le travail à l'eau s'adresse à quelques races notamment le Terre-Neuve, le Landseer, le Golden Retriever et le Labrador Retriever, et le travail sur troupeaux est destiné aux chiens de berger.

D'autres sports sont ouverts à toutes les races, mais encore faut-il qu'elles possèdent des aptitudes naturelles pour ces disciplines et une bonne forme physique. Par exemple, seuls les chiens les plus actifs peuvent faire du *bike-joring*, du *ski-joring* *(p. 247)* ou des courses de traîneau. De même, tous les maîtres n'ont pas une condition physique suffisante pour participer à des sports exigeants tels que le cani-cross ou la randonnée canine. La discipline sportive choisie dépend de votre condition physique à tous les deux et de vos goûts personnels. Et de la région que vous habitez, bien sûr. Il est bien difficile de pratiquer le *ski-joring* dans une région où il ne neige pas, mais le *bike-joring* peut se pratiquer sur route.

◁ **Le *frisbee***
Le chien doit attraper au vol un *frisbee* et le rapporter à son maître. Plus le disque est lancé loin, plus il lui est difficile de le saisir au vol.

« Le **sport choisi** dépend de votre **condition physique** à tous **les deux** et de vos **goûts** personnels. »

△ Le travail à l'eau
Le Terre-Neuve excelle dans le travail à l'eau. Dans des clubs spécialisés, ils apprennent à récupérer des objets dans l'eau… puis des naufragés.

◁ **Course de Lévriers afghans**
Le *racing* est un bon sport pour les maîtres qui aiment voir leurs chiens courir et veulent leur donner la possibilité de faire la course avec des rivaux en toute sécurité. Les chiens sont muselés pour éviter toute blessure lorsque l'excitation est à son comble.

◁ ▽ **Le *joring***
L'art d'être sur son VTT (*bike-joring*) ou sur ses skis de fond (*ski-joring*) et de se laisser tirer par ses chiens est devenu une discipline sportive.

Δ Le cani-cross
Le maître et son (ses) chien(s) réalisent une course sur un parcours tracé à l'avance. Le chien doit toujours rester devant le coureur à pied. Le matériel se compose d'un harnais, d'une longe extensible et d'une ceinture (ou baudrier).

Δ Le RCI
Le Règlement Concours International (RCI) ou *Schutzhund* est une discipline sportive créée, à l'origine, pour le Berger allemand. Le chien ne doit mordre que la manche de protection portée par le conducteur.

▷ La randonnée canine
Elle s'adresse aux maîtres et aux chiens qui aiment les longues marches.

Les chiens de traîneau
Endurants et rapides, les Huskies sibériens excellent dans les courses de traîneau. Normal, ils ont été sélectionnés pour remplir cette fonction ! Mais ces courses sont ouvertes à d'autres races ayant suivi un entraînement adapté.

Index

A

Aboyer sans cesse 198, 199
Activités de plein air 229, 248
Adolescence 91, 96, 97
problèmes liés à l' 96, 97
Agility 230, 234, 237
Agression 218-221
autres causes d' 220, 221
Agression par peur 218, 219
Agressivité 75
Airedale 34
Akita 41
Alimentation 78, 79
Aliments préparés 78
Apaisement 75
Apporter la laisse 178, 179
Apprentissage de la propreté 95
Approbation sociale 109
Assis 112-114, 122, 123
Assis à distance 152-153
Attaque 75
menace d' 75
réactions à une 75
Attendre 128, 129

B

Bain 87
Basset Hound 33
Bâtards 46
Beagle 29
Bearded Collie 33
Berger allemand 39
Berger australien américain 33
Berger belge 37
Groenendael 37
Malinois 37
Tervueren 37
Bichon frisé 24
Bichon havanais 24
Bichon maltais 22
Bike-joring 246, 247
Border Collie 32
Border Terrier 26
Boston Terrier 24
Bouledogue français 28
Bouvier bernois 44
Boxer 35
Braque allemand 34
Braque allemand à poil dur 37
Braque de Weimar 41, 43
Bonnes habitudes 92
Bulldog 31
Bullmastiff 45
Bull-Terrier 31

C

Cairn Terrier 26
Caniche miniature (Toy) 23
Caniche nain 24
Cani-cross 231, 246, 247
Carlin 27
Cavalier King Charles 26
Chasse au trésor 172, 173
Chihuahua 22
Chien(s)
cerveau du 53
choisir un 13-17
émotions du 52
grands 32-43
mode de pensée du 52, 53
où trouver son 16, 17
petits 22-27
rapports sociaux du 52
très grands 44, 45
Chiens âgés 91, 98, 100, 101
problèmes des 100, 101
Chiens de compagnie 20
Chiens de taille moyenne 28-31
Chiens de travail 20, 76
Chiens et autres animaux 70, 71
Chiens et enfants 68, 69
Chiens qui assistent les bergers 20
Chiens qui assistent les chasseurs 20
Chiens qui chassent 20
Chiens qui tuent les nuisibles 20
Chiots 17, 77, 80, 92, 93
classes pour 95
problèmes des 94, 95
Cocker 30
américain 30
anglais 30
Cockerpoo (ou Cockapoo) 46
Colley à poil long 33
Communication avec l'homme 60, 61
Communication avec ses congénères 58, 59
Communication de l'homme avec le chien 64, 65
Comprendre ses besoins 73-89
Comprendre son langage 51-71
Concours de travail 231, 242, 243
Contrôle 150, 151
le garder sous 150, 151
Corniauds 46
Coucher 107, 126, 127
aller se 182, 183
Coupe des ongles 87
Courses de traîneau 246, 248

D

Dalmatien 34
Diversité génétique 20
Doberman 40
Dogue allemand 45
Dogue de Bordeaux 41

E

Éducation positive 67, 75, 105
méthodes d' 67
Effets du vieillissement 98
Élevage sélectif 19, 20, 76
Endurance 231-233
Enfance 91
Épagneul breton 30
Épagneul nain continental 25
Exercice 76, 77
quantité d' 77

F

Faciliter
sa compréhension 210, 211
Façonnage
du comportement 110
Faire le mort 166, 167
Femelles non stérilisées 89
Fermer la porte 184, 185
Fields-trials 231, 244, 245
Flat Coated Retriever 38
Flyball 231, 240, 241
Force musculaire 233
Fox-Terrier 29
Franchir des obstacles 168, 169
Frisbee 246
Fuite 74

G

Golden Retriever 38
Goût 56, 57
Grand Caniche 34

H

Hovawart 37
Husky sibérien 33

I

Instinct prédateur 71

J

Jackpots 116, 117
Jack Russell Terrier 25
Jeu 80, 81, 108, 109
avec des jouets sonores 80, 81
bienfaits du 85
règles du 84, 85
Jeux de combat 80, 81
Jeux de poursuite 80, 81

L

Labradoodle 46
Labrador Retriever 36
Langage corporel 58-60, 64
Langage verbal 58, 64, 65
Leonberg 44
Lhassa Apso 26
Loup 18, 19, 53, 76, 80
domestication du 18, 19
Lurcher 55

M

Maladies héréditaires 89
Mâles entiers 88
Maintien en place 86
Manipulations 86
accepter les 200, 201
Marche au pied
en laisse 132-135
Mauvaises habitudes 105, 106
perdre ses 105, 118, 119
Mimétisme 111

O

Obéissance 242, 243
Obé-rythmée 238, 239
Odorat 53-55
Os à mâcher 79
Ouïe 53, 56

P

Parson Russell Terrier 25
Passer le premier 194, 195
Perspective 56, 57
Pinscher nain 23
Poids idéal 79
Porter les courses 176, 177
Pourchasser tout
ce qui bouge 196, 197
Prendre un message 170, 171
Préparation physique 232, 233
Pression physique 111
Processus
d'apprentissage 105, 106, 112
accélérer le 112
réduire la durée du 106
varier le
contexte du 105, 107, 114

R

Races canines 13-15, 20-46
classification des 20-46
Racing 246
Randonnée canine 246, 247
Ranger ses jouets 180, 181
Rappel 107, 124, 125
Rappel en poursuite 154, 155
Rapport d'objet 136-141
Rapporter un jouet 136-139
RCI 247
Récompenses 105-109, 112-117
hiérarchie des 108
types de 108
Récompenses
alimentaires 79, 108
Récompenses
insatisfaisantes 206, 207
Régime alimentaire 232
Rester tranquille 192, 193
Rhodesian Ridgeback 40
Ring 242, 243
concours en 242
Rottweiler 44

S

Saint-Bernard 45
Saint-Hubert 55
Salut de la patte 160, 161
Sauter sur les gens 188, 189
Schnauzer géant 40
Schnauzer nain 27

Sécurité 74, 75
Se mettre debout 130, 131
Séquence de prédation 18, 19
Shetland 28
Shar Peï 31
Shi-Tzu 25
Signaux gestuels 64, 65, 107, 111-116, 122, 126, 128-131, 140, 152, 160, 162, 166, 167, 172
Signaux verbaux 64, 65, 107, 112-116, 122, 124, 126, 128, 130, 132, 139, 140, 160, 162, 164, 166-168, 170-173
Sixième sens 57
Ski-joring 246, 247
Socialisation 92
Spitz nain 23
Sports canins 229-246
Springer anglais 31
Staffordshire Bull-Terrier 29
Stérilisation 88, 89
Stimuli extérieurs 146, 147
  multiplier les 156, 157
  rappel avec des 146-149
Synchronisation 105, 112, 113
  mauvaise 208, 209

T

Tâches ménagères 175-185
  le faire participer aux 175-185
Technique de l'appât 110
Teckel 27
  à poil dur 27
  à poil long 27
  à poil ras 27
Terre Neuve 45
Terrier tibétain 28
Toilettage 86, 87
Toper 164
Toucher 86
Toucher d'une cible 111
Tours sur place à gauche et à droite 162
Travail à l'eau 246
Trop-plein d'énergie 212, 213
  gérer son 212, 213

V

Voler de la nourriture 190, 191
Vue 54, 55

W

Welsh Corgi 29
  Cardigan 29
  Pembroke 29
West Highland White Terrier 27
Whippet 30

Y

Yorkshire 23

Adresses utiles

Les associations et fondations

AFIRAC (Association française d'information et de recherche sur l'animal de compagnie)
Tél : 01 56 03 12 00
www.afirac.org

CNEA (Commission nationale d'éducation et d'*agility*)
Tél : 03 88 96 22 10
www.france-agility.com

CNSPA (Confédération nationale des sociétés protectrices des animaux)
25, quai Jean Moulin, 69002 Lyon
Tél : 04 78 38 71 85
www.spa-France.asso.fr

CSAU (Certificat de sociabilité et d'aptitude à l'utilisation)
http://www.chien.com/general/education/divers/csau.html

SCC (Société centrale canine)
155, av. Jean-Jaurès,
93535 Aubervilliers Cedex
Tél : 01 49 37 54 00
www.scc.asso.fr

Pour trouver l'adresse du club d'éducation canine le plus proche de son domicile :
Contacter la SCC sur son site
www.scc.asso.fr

Pour un point sur la réglementation et un annuaire de professionnels :
SNPCC (Syndicat national des professionnels du chien et du chat)
Route de Bourg, 01320 Chalamont
Tél. : 0892 681 341
www.snpcc.com

SPA (Société protectrice des animaux)
39, bd Berthier, 75847 Paris Cedex 17
Tél. : 01 43 80 40 66
www.spa.asso.fr

Il existe aussi de nombreux sites présentant des conseils sur l'éducation canine. Certains d'entre eux notamment proposent des adresses d'éducateurs professionnels en fonction de la zone géographique où l'on réside
Caniscool – des méthodes douces et modernes, une éducation positive et ludique pour chiens de compagnie
www.caniscool.com
Éducation canine
www.education-canine.com
Association Chiens évasion
Tél. : 09 79 30 22 06 ou 06 98 65 89 71
www.chiens-evasion.com

Les sports canins

*Pour en savoir plus sur l'**obé-rythmée** :*
www.obe-rythmee.com et
www.webagil.com (règlement de la discipline)

Pour en savoir plus sur le **flyball** :
www.france-agility.com

*Pour en savoir plus sur l'***agility** :
www.france-agility.com et
www.webagil.com (règlement)

*Pour en savoir plus sur les différentes **disciplines sportives canines** :*
www.animalis.fr

*Pour en savoir plus sur les **épreuves de chasse** (règlement officiel et calendrier des* fields-trials*) :*
www.scc.asso.fr
et www.portail-canin.com

Remerciements

L'auteur tenait à remercier les personnes suivantes :
celles et ceux qui m'ont gentiment apporté leurs précieuses connaissances sur le comportement des chiens et leur éducation, dont John Rogerson, Ian Dunbar, le défunt John Fisher, Tony Orchard, Carla Nieuwenhuizen... et bien d'autres. J'aimerais aussi remercier Bobs Broadbent et Kris Glover qui ont organisé les séances photo lorsque je n'étais pas là. Un grand merci à Victoria Wiggins de Dorling Kindersley pour sa compétence et sa patience, notamment quand moi-même je perdais patience. Enfin, je tiens à remercier les chiens, ceux que j'ai connus et aimés (en particulier mon adorable Spider qui apparaît sur de nombreuses photos de ce livre), ceux que j'ai essayé d'aider et ceux avec lesquels j'ai partagé de beaux moments de complicité au cours de ma vie. Sans eux et tout ce qu'ils m'ont appris, ce livre n'aurait jamais pu voir le jour.

Dorling Kindersley remercie les personnes suivantes :
Retouches photographiques : Craig Laker
Assistance supplémentaire : Simon Murrell
Conception graphique supplémentaire : Yenmai Tsang
Illustrations : Richard Tibbits

Tout comme, Bobs Broadbent et Kris Glover, David Summers, Margaret et David Godel, Brad Murray et Jenny Woodcock, MDS Shows et Paws in the Park, Rachel Tooby et tout le personnel et les chiens de Battersea Dogs and Cats Home, Old Windsor Branch.

Et les personnes qui ont posé pour ce livre :
Sandra Alden, Laura Andrews, Lucy Avery, Gwen Bailey, Graham Bates, L. R. Bird, Sara Bradford, Bobs Broadbent, Savanagh Bryant, Alice Bungay, Tracy Bungay, Shelly Bushell,
Ben Carlin, Lily Carlin, Nicky Carlin, Pen Carlin, Siobhan Dawson, Michael Donnelly, Deborah Duguid Farrant, Daniel Eaton, Helen Gardom, Kristina Glover, Wendy Grantham, Nala Gunstone, Elaine Hale, Emma Hugo, Jeremy Hugo, Sophie Hugo, Frances Johnstone, Ali Kaye, Sally Knight, Luca Lawrence, Poppy Lawrence, Tracy Lawrence, Alistair Lion, Kate Lye, Harriet Mackevicius, Marika Marsh, Caroline Mooty, Jamie Mooty, Patrick Mooty, Iona Morris, Wil Morris, Elizabeth Munsey, Wendy Murphy, Nicolette O'Neill, Phil Ormerond, Ruth O'Rourke, Alice Peacock, Claire Pearson, Charlotte Pimm, David Roberts, Jessica Ryan-Ndegwa, Sebastian Ryan-Ndegwa, Joanne Summers, Rob Symonds, Ian Tautz, Siân Thomas, Peter Thompson, Dawn Thorne, James Thorne, Marie Travers, Sarah Tyzack, Sophie von Maltzahn, Julie Warner, Esme Waters, Victoria Wiggins, Tomoko Wingate, Nigel Wright.

Merci à tous les chiens dont les photographies illustrent magnifiquement ce livre :
Andy, Archie, Barney, Bella, Ben, Bertha, Billy, Blue, Bongo, Boris, Casha, Charlie, Chesil, Coco, Dave, Diesel, Dotty, Fidget, Fin, Fizz, Gus, Harvey, Hero, Hoola, Jack, Jake, Jess, Jessie, Lettie, Libby, Lily, Lola, Maisie, Millie, Moojah, Morgan, Nuba, Otto, Ozzy, Penny, Q, Rosie, Sasuke, Scally, Scamps, Shep, Skipper, Spencer, Spider, Talula, Thomas, Tink, Toby, Tom, Topsy, Walter, Zorro.

Crédits photographiques

L'éditeur remercie les personnes suivantes pour leur aimable autorisation à reproduire les photographies :
h = haut, b =bas, c = centre, g = gauche, d= droite.

18 Alamy Images : Dave Porter (bc). **FLPA** : Mike Lane (cd). **36 Getty Images** : Altrendo (bd). **38 FLPA** : Imagebroker/ Stefanie Krause-Wieczorek (cg). **39 Alamy Images** : Duravitski (bg). **Corbis** : Jim Craigmyle (bd). **42 Alamy Images** : Juniors Bildarchiv (hg). **Corbis** : Sygma/Yves Forestier (hd). **52 Corbis** : Reuters/You Sung-Ho (bd). **71 Alamy Images** : WoodyStock (c). **210 Corbis** : Lynda Richardson (bd). **FLPA** : Erica Olsen (c). **212 Getty Images** : Iconica/Michael Cogliantry (cg). **223 Alamy Images** : Arco Images GmbH (c); PetStockBoys (h). **www.chillpics.co.uk/ www.canix.co.uk** : Shane Wilkinson (cd). **236 FLPA** : Imagebroker/Alexander Trocha (cg). **Still Pictures** : Biosphoto/Klein J. & Hubert M.-L. (bc) (bd). **237 Rex Features** : Keystone USA/SB. **240 FLPA** : Imagebroker/ Thorsten Eckert (bd). **241 Alamy Images** : Ashley Cooper (bg); SHOUT (cd). **Still Pictures** : Biosphoto/Klein J. & Hubert M.-L. (hd). **243 Alamy Images** : Arco Images GmbH (c); Daniel Dempster Photography (hd). **FLPA** : Minden Pictures/ Mark Ray Croft (hg). **244 Photolibrary** : Juniors Bildarchiv (bg) (bc) (bd). **Rex Features** : Ken McKay (h). **245 Alamy Images** : Sherab (cd). **Photolibrary** : Juniors Bildarchiv (bg) (bc) (bd). **246 Alamy Images** : blickwinkel (bd); Shaun Flannery (bg). **Getty Images** : Stone/Sven Jacobsen (cg). **247 Alamy Images** : Ultimate Group, LLC (bc). **iStockphoto. com** : Rolf Klebsattel (bg). **PA Photos** : AP Photo/Lewiston Sun Journal, Jose Leiva (hd). **Rex Features** : Newspix/Jody D'arcy (hg). **www.chillpics.co.uk/www.canix.co.uk** : Shane Wilkinson (bd). **248-249 Photolibrary** : Joel Sheagren

Photos de couverture :
1re de couverture : © Dorling Kindersley (photo principale) / bande du bas, de gauche à droite : © Vanessa Grossemy, © Dorling Kindersley (4 photos).
Dos : © Dorling Kindersley.
4e de couverture : © Dorling Kindersley.

Imprimé en Espagne par Graficas Estella, Estella
Dépôt légal : avril 2010
303705/04-11026951 janvier 2014